U0366437

杭州市哲学社会科学规划课题：杭州传统庙会文化挖掘及在现代商业中的融合应用研究M21YD001；国家一流本科专业经费支持

浙江庙会的文化创新与价值重构

张　煜　著

上海交通大学出版社

SHANGHAI JIAO TONG UNIVERSITY PRESS

内容提要

浙江传统庙会蕴含着丰富的文化价值、商贸价值、社会价值。笔者通过长期调研及实践探索,对浙江庙会文化进行挖掘与梳理,从社会功能、文化功能、经济功能等层面对浙江庙会的外在表现形式与内在文化内涵进行合理转译,并将其与当代生活融合、转化与创新,利用数字化平台与新媒介,增强庙会与民众的交流,深化民众的体验,实现庙会的价值重构。望借此能真正展现浙江传统庙会的当代价值,也为推动地方庙会文化旅游发展起到示范引领作用。

本书致力于吸引对中国传统文化、民俗文化、非遗传承转化等领域抱有浓厚兴趣的读者,同时可供社会学、艺术设计学、经济学领域的学者阅读。

图书在版编目(CIP)数据

浙江庙会的文化创新与价值重构 / 张煜著. --上海:
上海交通大学出版社,2024.6
ISBN 978-7-313-30840-5

Ⅰ.①浙… Ⅱ.①张… Ⅲ.①庙会-风俗习惯-文化研究-浙江 Ⅳ.①K892.1

中国国家版本馆CIP数据核字(2024)第106835号

浙江庙会的文化创新与价值重构
ZHEJIANG MIAOHUI DE WENHUA CHUANGXIN YU JIAZHI CHONGGOU

著　　者:张　煜

出版发行:上海交通大学出版社　　　　　地　　址:上海市番禺路951号

邮政编码:200030　　　　　　　　　　电　　话:021-64071208

印　　制:上海万卷印刷股份有限公司　　经　　销:全国新华书店

开　　本:710mm×1000mm　1/16

字　　数:181千字

版　　次:2024年6月第1版　　　　　　印　　次:2024年6月第1次印刷

书　　号:ISBN 978-7-313-30840-5

定　　价:68.00元

印　　张:13.25

序

　　庙会，作为中国传统文化的一类独特载体和中华民族宝贵的文化财富，既是集市文娱活动的精粹，又与精神信仰的寄托关系紧密，体现了人与自然、社会的和谐共生，展现了人们对美好生活的无限向往，蕴含着深厚的历史底蕴和丰富的文化营养。保护并传承庙会文化，挖掘庙会的当代价值，是推动中国优秀传统文化创造性转化和创新性发展的题中之义。

　　张煜所著的这部专著，从对浙江传统庙会文化的实地考察入手，以细腻的笔触对传统庙会文化进行了深入细致的描绘。从杭州吴山庙会的热闹非凡，到余杭径山庙会的悠远茶香；从蒋村龙舟胜会的激昂澎湃，到中国大运河庙会的盛况空前；从萧山河上龙灯胜会的绚烂多彩，到德清蚕花庙会的农耕风情……一场场庙会，仿佛一幅幅生动的画卷，在我们眼前徐徐展开，带领我们一同走进那个时空交汇的奇妙世界。

　　不仅如此，张煜以其敏锐的洞察力和良好的专业素养，对这些庙会所蕴藏的历史、经济、文化等价值予以揭示，让我们在领略庙会魅力的同时，对其背后所蕴藏的丰富历史文化有了

更加深入的了解。图文并茂的展示，让我们仿佛能够闻到庙会上飘来的阵阵香气，听到社戏中传来的阵阵鼓声，感受到那份淳朴而热烈的情感。

这部专著的主要贡献之处在于，笔者通过长期调研及实践探索，对浙江庙会文化进行挖掘与梳理，从社会功能、娱乐功能、经济功能等层面对浙江庙会的外在表现形式与内在文化内涵进行合理转译，系统阐释了浙江传统庙会蕴含的多重价值。同时作为一项带有实证色彩的研究，作者坚持多学科研究视角，围绕如何将传统庙会文化与当代生活相融合、如何推动传统庙会文化价值转化与创新、如何利用数字化平台与新媒介提升庙会传播力和影响力等问题进行深入思考，并走出了具有建设性的创新路径，为庙会文化研究的深化提供了一个新视角。

我相信，张煜以这部对浙江庙会文化研究的著作为开端，后续会不断深化对传统庙会文化的研究，在这个领域中取得更大的成就，这对于庙会文化的保护与传承也将起到积极的推动作用。

邱高兴

中国计量大学人文与外语学院院长、教授

2024 年 5 月 1 日

前言

庙会是我们民族的文化遗产，是人民日常生活的组成部分，它集中表现了社会生活中极其丰富的情感和信仰，更像是我们民间社会的"百科全书"。庙会的功能包括社会功能、娱乐功能和经济功能，庙会还蕴含艺术价值、商贸价值、建筑价值、历史价值等。因此不能将庙会简单地视为宗教信仰文化的一部分，而是要将之作为地方文化的有机组成部分。若要传承和发展优秀的民族及地域文化，就离不开对庙会的研究。

为了树立文化自信，国家出台及修订了一系列文化政策和法规来促进文化发展、传承文化遗产。2005年，国务院发布《国务院关于加强文化遗产保护的通知》，要求进一步加强文化遗产保护工作；2017年，中共中央办公厅、国务院办公厅印发了《关于实施中华优秀传统文化传承发展工程的意见》，指出文化是民族的血脉，文化自信是更基本、更深层、更持久的力量。同时，《中共中央　国务院关于完善促进消费体制机制进一步激发居民消费潜力的若干意见》提出要推进服务消费持续

提质扩容，其中就有"努力提供更多优秀文化产品和优秀文化服务""推动非物质文化遗产传承发展、合理利用"。在这样的背景之下，希望通过对浙江庙会文化的挖掘，丰富传统庙会文化的内涵，推动文化保护工作，提升浙江地域文化竞争力。以社会主义核心价值观念为引领，对庙会文化中具有文物、历史、文化旅游价值的物质层部分加以妥善保护；对具有美学、历史价值的艺术层部分则加以研究和开发，而其精神层部分中具有积极影响的文化哲理应加以挖掘，从而形成具有浙江鲜明特色的文化基因。同时，增添以庙会文化为特色的旅游、运输、娱乐、文创等第三产业，加强浙江庙会文化与现代商业的交融，推动浙江经济文化创造性发展。

浙江传统庙会资源丰富。从调研获取的历年资料及实际案例来看，除杭州吴山庙会、中国大运河庙会、径山庙会等少数具有一定知名度外，大多庙会活动仍然是区域性的，缺乏宣传力度和品牌培育。然而这些庙会活动所隐含的文化内涵具有极高的传承价值，如磐安赶茶场、永康方岩庙会、缙云张山寨七七会等都为国家非物质文化遗产。各式各样的庙会是民风民俗、节庆活动与中华民族信仰的重要载体。然而当今诸多庙会逐渐湮灭，抑或是被贴上了旧俗、粗陋、迷信的标签，面对它们的流失与被轻视，我们不仅应该端正态度、亡羊补牢，更应合理、科学地保护与利用。

在此，我们应深入加强对庙会的现代化多重性的考察与探索。面对庙会文化传承中存在的困境，不断地挖掘传统庙会文化的精神内涵，通过创新传承方式将庙会活动推介出去，使其产生强大的吸引力。例如，借助科技手段，通过游戏、微博、微信、视频影视等各类新媒介，将所有传统庙会信息整合到数字化平台，真正实现庙会与民众的实时互动，吸引民众参与体验与交流。再如，遴选杭州等地的传统庙会特色主题，进行准确市场定位，积极引进竞争机制，加大活动前期宣传推广，提高知名度，形成一批具有国际化色彩、体验性强、知名度高的庙会品牌，为推动地方庙会文化旅游发展起到示范引领作用。以市场为主体，民众积极参与，政府监督协调，保障文化传承创新发展，才能真正展现传统庙会的当代价值。

庙会是历史的注脚，也是现在的财富，更是未来可持续发展的文化资源。现如今，庙会又有了新的生命与活力。透过庙会，我们可以看到推动民族与社会发展、促进经济与文化繁荣的另一种新的使命与有效途径。

目录

| 第1章 |
浙江传统庙会概况

　　庙会是传统社会民众生活中的一件大事，是民间信仰的重要外在形式，还是传统民俗中一种地方性的文化标志。因其源于传统社会，故又被称为传统庙会，在文化内涵和外在表现上与其他民俗活动、物资交流大会或文化节有显著差异。传统庙会曾一度没落、日渐式微，随着时代变迁与思想解放，许多地方逐渐恢复的传统庙会活动受到了民众的极大欢迎与喜爱。现今，全国各地不少知名度较高、辐射面较大的传统庙会，进入了国家级非物质文化遗产代表性项目名录，得到了广泛关注和保护。尽管传统庙会在丰富百姓生活、传承当地文化、促进地方发展等方面起到了重要作用，但关于传统庙会的当代意义、举办形式等，各地仍存在着不少争议和疑惑。

　　浙江传统庙会具有鲜明的地域特色和文化底蕴。例如，杭州的西湖香市以湖光山色为背景，融合了江南水乡的风情和文化底蕴；宁波象山等地的庙会以渔文化为特色，展现了海洋文化的魅力；嘉兴的网船会、中国大运河庙会（杭州）等属于场面壮观的水上庙会；绍兴、海宁等地的水乡民众有祭祀大禹、祈安潮神的庙会活动；永康的方岩庙会则旨在祭拜北宋名臣胡则；磐安的赶茶场、余杭的径山茶宴等庙会展现了悠久的茶业历史及深厚的茶文化底蕴；湖州新市及善琏等地的庙会以桑蚕文化、湖笔文化为特色，记载着丝绸之府、鱼米之乡一带桑蚕业、制笔产业等商贸发展的历史痕迹。本章以极具代表性的浙江传统庙会为例，通过溯源各地传统庙会，记录庙会的传承现状及当代形式，以期对更好地了解传统庙会的历史和保护非物质文化遗产有所裨益。

1.1　吴山庙会

吴山位于浙江省杭州市中心位置。作为杭州的一张文化名片，吴山庙会吸引了无数游客前来参观体验，是游客体验传统文化、品尝地道美食、感受热闹氛围的重要活动。

1. 庙会溯源

吴山庙会起源于宋朝。当时，人们为了纪念伍子胥，在吴山脚下建庙祭祀，后来逐渐发展成为一项盛大的民间活动，至今已有上千年的历史。经过漫长的岁月洗礼和丰富发展，吴山庙会成为杭州规模最大、历史最久的庙会，四季不断，各有特色。每年春节庙会期间，民众从四面八方涌来，相聚在吴山脚下。特别是正月初一这一天，信奉烧头香的民众，天不亮就去庙里进香以示虔诚。庙里敬奉了诸多英雄人物，如被尊为城隍菩萨的周新、刺杀奸相秦桧的小军官施全等，还有酒神、药王、东岳大帝、龙王、火神等众神。在吴山庙会上，各种传统表演、地方美食和糖人、糖画、剪纸等手工艺品应有尽有，人们可以感受到杭州厚重的历史底蕴、独特的文化魅力和热闹的现场氛围。吴山东岳庙、城隍阁等地还展示有历史上的吴山庙会场景还原图（见图1.1）。

2. 庙会新生

吴山庙会自2004年起已连续19年在清河坊历史街区（旧时称清河坊）举办。2007年，吴山庙会被浙江省人民政府列入第二批浙江省非物质文化遗产名录。近年来，吴山庙会吸引着越来越多的市民和游客驻足"打卡"（意为"游览、参加活动"，下同），已成为具有杭州辨识度的文化品牌。2010年恢复的伍公祭，逐渐成为吴山庙会的一大亮点。

图1.1　吴山庙会场景还原图

（图片来源：作者摄于吴山东岳庙、城隍阁）

　　主办方邀请历史文化专家参与制订吴山庙会流程，在活动中进一步融入宋学、宋艺元素，使传统文化习俗焕发生机。它不仅保留了传统的祭祀等与民间艺术、习俗相关的活动，还加入了现代元素，如创意市集、音乐节、光影秀等，为古老的吴山庙会注入了新的活力。近几年，宋韵文创市集、非物质文化遗产文创展览、原创手作等相关活动的举办使清河坊历史街区得到越来越多年轻人的追捧。在清河坊历史街区举行的2023年吴山庙会暨伍子胥祭祀典礼系列活动，通过"宋韵剧本游"等古风沉浸式体验，让更多的年轻群体了解吴山庙会，感受宋韵文化。如今，吴山庙会的影响力不断扩大，传统与现代的交融，让吴山庙会成为广大游客感受杭州魅力的有效途径，也让清河坊历史街区（见图1.2）成为展示杭州文化、民间艺术和民间习俗的重要空间。

1.2　径山茶宴

　　余杭径山自古以出产优质茶叶著称，其茶叶因独特品质和口感而享有盛誉。径山茶宴源自余杭区径山镇径山万寿禅寺，是一场集传统习俗、民间艺术、商贸交流于一体的盛会。

图1.2 杭州清河坊历史街区街景

1. 庙会溯源

　　径山寺的禅茶文化可追溯到唐代中期。据《余杭县志》记载，唐朝径山寺开山祖师法钦即有"佛供茶"之举，当时径山寺的僧人以茶招待香客，逐渐形成了独特的饮茶仪式。淳熙十四年（1187），适逢大旱不雨，瘟疫流行，宋孝宗赵昚招请荣西禅师到京师（今杭州）做除灾和求雨祈祷。宋孝宗在径山寺设特大茶会（见图1.3），以示庆贺。此次茶会，当是最高规格的径山茶宴。

图1.3 宋孝宗在径山寺设特大茶宴

图片来源：南宋《望贤迎驾图》（局部）

　　南宋时，点茶品饮已成为径山寺茶会、茶宴的规范程式，相应的茶禅理念亦已成熟，影响力遍及江南地区。径山寺一跃成为中日禅茶文化交流的重要中心。随着宋代茶文化的蓬勃发展，径山茶宴逐渐衍生出庙会活动，吸引了大量香客前来参观体验。宋代时期，多位皇帝致力于禅寺的建设，经常举办盛大的径山茶宴以表达对宾客的敬意。

径山茶宴期间，四面八方的游客和茶客们齐聚一堂，共同领略这一独具特色的文化盛宴。径山茶宴的仪式程序繁复而庄重，包括张茶榜、击茶鼓、恭请入堂、上香礼佛、煎汤点茶、行盏分茶、说偈吃茶及谢茶退堂等10多个环节。

2. 庙会新生

如今的径山茶宴依旧堂设古雅、程式规范，主躬客庄、礼仪备至，依时如法、和洽圆融，体现了禅院清规和礼仪、茶艺的完美结合，具有品格高古、清雅绝伦的独特风格，堪称中国禅茶文化的一款经典样式。在径山茶宴上，最引人注目的莫过于茶艺表演，同时融合了多种传统文化元素，如古筝演奏、诗词朗诵等，让游客在品味茶香的同时，感受中国传统文化的博大精深。游客可以通过表演了解径山茶的历史渊源、种植技术、制作工艺等知识，也可与当地茶农、茶文化爱好者交流，分享对茶道的感悟和理解。这种互动让径山茶宴不仅是一场视觉和味觉的盛宴，更是一场心灵的洗礼。径山寺（见图1.4）也因此增色不少。

径山茶宴的核心精神在于以茶论道、禅茶一味，体现了中国禅茶文化的精神品格，丰富并提升了中国茶文化的内涵，同时它也是日本茶道的渊源。径山茶宴对近代茶话会礼仪的形成和对杭州地区民间饮茶礼仪习俗的存续都有重要影响，民俗学价值突出。2011年5月23日，径山茶宴经中华人民共和国国务院批准，正式列入第三批国家级非物质文化遗产名录。

为了更好地传承径山茶宴，杭州市余杭区政府正不断加强与当地社区、学校和相关机构等的合作，大力推动径山茶宴在新时代的传承、发展与创新，吸引年轻一代参与这一传统文化活动，同时积极举办各种文化交流活动和国际茶会，将径山茶宴文化推向世界舞台。通过持续努力，径山茶宴已逐渐成为一个集茶叶产销、文化交流和休闲旅游于一体的综合性平台，有力地推动当地的经济发展和文化传承。

图1.4　径山寺园景

（图片来源：作者摄于杭州径山寺）

1.3　蒋村龙舟胜会

蒋村龙舟胜会是浙江省杭州市西湖区蒋村街道居民在端午日自发组织赛龙舟的一种民俗活动，自每年的农历四月廿四开始，至五月十三小端午止。2011年5月23日，蒋村龙舟胜会经国务院批准列入第三批国家级非物质文化遗产扩展项目名录。

1. 庙会溯源

蒋村龙舟胜会始于唐代，兴于南宋，得名于清代，被御封为"龙舟胜会"，已有千年历史。蒋村龙舟胜会的起源和水患有关，在唐朝时，蒋村地区河港纵横、水网密布，每当入夏山洪肆虐。为祈愿水患不再肆虐百姓、伤及河田，当地乡民在入夏之际划乘自制龙船造访各家，在各家的水塘里表演；同时，乡民自发在村里请龙王、供龙王、谢龙王、吃龙舟酒，祈求龙王不要发大水。这一时期，其他地方的龙舟竞渡活动逐步流传到杭州，与古蒋村西溪独特的地形相结合，形成了生生不息的蒋村龙舟文化。据传，乾隆皇帝下江南时，在蒋村看到划龙舟像赶集会一样热闹，就赐名"龙舟胜会"。从此，蒋村的"龙舟胜会"之称一直沿用至今，并流传至周边五常、古荡、益乐等乡镇。清人所作《赛龙舟图》可一窥当时的彩龙舟全貌（见图1.5）。

图1.5　清代绘画《赛龙舟图》（细部：彩龙舟）

（图片来源：浙江省非物质文化遗产代表作丛书之《五常龙舟胜会》）

2. 庙会新生

每到端午时节，杭州最热闹的地方非西溪湿地莫属，有"端午大如年""划龙舟体强庆丰年，观龙舟吉利保平安"的习俗。西溪深处，花式龙舟、花样竞渡，演绎激情与速度、坚守与传承的故事，串起杭州人延续千年的端午记忆。蒋村龙舟胜会结束后，村民们以村为单位聚在一起吃龙舟酒；家家裹粽子、吃粽子，户户门前挂艾叶、菖蒲、桃枝，人人吃"五黄"，祈愿一生平安顺遂。

蒋村的龙舟（见图1.6）制作工艺精细、程序复杂，特别是龙头的制作尤为关键。因龙头用于龙舟，直接与水接触，故要上漆，漆包括底漆及各种色彩漆。近年来，很少有年轻人去学这门手艺，掌握技艺雕刻的手艺人也越来越少，这项民间艺术几近失传。为此，当地开展了一系列保护措施：① 2005年，蒋村成立了杭州市西湖区蒋村龙舟协会，蒋村龙舟竞赛也成为第四届东亚运动会的正式比赛项目。② 2008年以来，西溪国家湿地公园年年举办国际龙舟比赛。2023年6月的西溪国际龙舟文化节，中国、俄罗斯、美国、英国、加拿大、澳大利亚等23个国家组成了10支国际龙舟队劈波斩浪。在活动中，另有西湖区蒋村街道、五常街道的当地居民组织的300余条龙舟齐聚于此，观众得以欣赏到"赤膊龙舟""满天装龙舟""半天装龙舟"的多样划法。此次活动充分显示了国家级非物质文化遗产端午节（蒋村龙舟胜会）的独特魅力。

图1.6　龙舟细节图

（图片来源：作者摄于西溪湿地龙舟陈列馆）

1.4　中国大运河庙会

大运河为世人留下了太多独具特色的运河风情民俗文化，其中，庙会是重要组成部分之一。早在明清时期，杭州大运河一带的庙会就盛极一时，有年代悠久、声势浩大的拱宸桥张大仙庙会、余杭区临平镇的元帅庙会、上塘河半山娘娘庙会等。这些庙会集祭神、游乐、贸易于一体，促进了社情民意的交流融合，体现了杭州运河人民的理想与愿望。

1. 庙会溯源

京杭大运河（亦称南北大运河），北起北京，南至杭州，流经18座城市，全长1794千米。沿线各地建有庙宇，歌颂和纪念历史上的"治运功臣"。据此衍生出的大运河庙会（见图1.7）并不局限于某个朝代、某个地区或某个村庄。

图1.7 杭州大运河庙会图

（图片来源：作者摄于杭州香积寺）

2. 庙会新生

2014年，中国大运河项目申遗成功后的首次庙会活动在杭州拱宸桥桥西历史街区和运河广场隆重开幕。如今的中国大运河庙会已成为年轻人喜爱的盛会。2023年，第十届中国大运河庙会的活动主题是"北关庙市，潮味生活"（见图1.8）。游客不仅可以在大兜路历史文化街区体验养生项目，还可以去小河历史文化街区沉浸在"香"的世界。如此设计为游客增添了诸多互动的乐趣。香积寺广场推出国风走秀、快闪演艺、城市露营、非物质文化遗产手作、灯谜互动、电竞游戏等体验活动；小河历史文化街区则走"趣味潮玩"路线，集市包罗国风手作、小食等好物，还有琵琶独奏、玄音艺术、手碟表演等精彩内容，特别增加"水上市集"和"宋韵灯会"，可令感兴趣的游客身着汉服沉浸式感受国风社交；桥西历史文化街区保持一贯的"国医老字号"风格，云集国医国药类用品、健康养生类食品、非物质文化遗产手作等。杭州大运河庙会期间特设"庙会游船专线"，带领游客深度探寻运河两岸，感受拱宸桥畔的市井风情和古运新貌。中国大运河庙会既传承与弘扬了运河文化，也打造了当下潮流的人气玩法。

图1.8　中国大运河庙会（杭州）的"北关市集"

（图片来源：作者摄于杭州大兜路、小河历史文化街区）

1.5　河上龙灯胜会

在浙江大地，与龙有关的民间文艺活动有河上龙灯胜会、奉化布龙及开化草龙的龙舞等，不胜枚举，而且各有特点、各有舞法。其中元宵节的河上龙灯胜会尤其著名。在民间流传的"又有龙灯又有会，还有马灯来凑对"这一古老谚语，说的就是河上镇元宵节时举行的河上龙灯胜会。河上龙灯胜会代表了浙江省杭州市萧山区地方传统民俗，是国家级非物质文化遗产之一。

1. 庙会溯源

相传，唐太宗李世民曾向一条"泾河老龙"祈雨，泾河老龙悲悯人间大旱三年，私自行雨，让黎民百姓渡过一劫，但自己受天罚被斩成数段。百姓感激、缅怀泾河老龙，家家户户用板凳扎灯，祭起板龙。龙灯习俗随后传到江南。另一说法是，河上龙灯胜会起源于南宋，最早为纪念广福寺重建而舞龙，后演变成以溪头村为中心，以板龙表演为主，至今有860余年历史。传统的河上龙灯胜会由4个环节组成，内容包括开光大典、出灯、闹元宵、化灯，意在保佑国泰民安、河上镇风调雨顺。《萧山县志稿》（民国二十四年本）卷一《风俗》篇记载："上元，十三日起，谓之上灯，十四夜间，影堂前必供糕果之属。各乡村皆以龙灯竹马彼此闹贺，以为丰年之兆。灯期五日，至十八收灯，家中影堂亦撤。"[①]

河上龙灯胜会与其他以龙为内容的各式活动截然不同，河上板龙是"端坐"在板凳上。河上龙灯胜会以板龙表演为主，融合马灯、高照表演等民间艺术元素，具有浓厚的民俗文化的地方性特征。板龙，顾名思义，接板成龙（见图1.9）。板龙的制作也极具特色，整条板龙分龙头、龙身、龙尾三部分。每块灯板长约2米，宽约0.2米，两头有孔，后板搭前板，用木棒穿在孔中作榫，固定衔接起来的灯板可以在水平方向活动，形成一条波浪状长龙。板龙中的每一块灯板称为一桥龙段，表示男丁一人，故民间俗称"一桥一丁"，象征人丁兴旺。

图1.9　萧山河上板龙

（图片来源：萧山网）

2. 庙会新生

2024年，河上龙灯胜会闹元宵民俗系列活动在萧山区河上镇热闹上演。正月十五的舞龙表演作为整个河上龙灯胜会的高潮，吸引了大批游客和村民前来观赏。灯火璀璨的河上镇人头攒动、热闹非凡。"高照"

① 摘自萧山区河上镇人民政府申报非物质文化遗产名录项目材料《河上龙灯胜会》。

齐举，"宝马"随行，前面锣鼓伴奏，后面鞭炮彻响。渐暗的天色里，龙灯熠熠生辉，从高处俯瞰，宛如一条金龙在街巷里舞动游走，将祝福送至沿路百姓家。

代代传承，历久弥新，河上龙灯胜会经过860余年历史的洗礼，河上板龙无论从制作，还是到最后的精彩呈现都已形成独特风格。河上龙灯胜会还融合了"宝马""高照"等民间艺术元素，集板龙制作技艺（见图1.10）、竹马制作技艺、舞龙表演技艺、春节闹元宵习俗、春节祈福传统于一体，集中展示了萧山民间手工技艺的精华，蕴含着丰富的地方文化价值和艺术审美价值，是研究江南地区民间艺术与民众文化生活的重要资源。它不仅代表着当地群众祈福消灾的美好祝愿，更在凝聚地域文化向心力、激发本地文旅市场活力、传承和传播优秀传统文化方面发挥着重要作用。这也是河上龙灯胜会作为国家级非物质文化遗产代表性项目的珍贵之处。

图1.10　制作河上龙灯胜会板龙

（图片来源：萧山文化馆）

1.6　新市蚕花庙会

新市是湖州市德清县一座拥有着千年历史的运河古镇，自宋朝建镇以来，商业、文化等业态不断繁荣，逐渐形成了丰富多彩的蚕桑文化。作为浙江省级非物质文化遗产项目，新市蚕花庙会（轧蚕花）堪称江南一绝，丰富多彩的民间艺术和物资交流、文化娱乐等元素，引发了广大民众的极大关注（见图1.11）。

1. 庙会溯源

杭嘉湖平原自古以来享有丝绸之府和鱼米之乡的美誉。早在五六千

图1.11　新市蚕花庙会

（图片来源：作者摄于湖州新市古镇）

年前，江南地区就已开始养蚕织绸的生产活动，这由余姚河姆渡遗址和嘉兴马嘉浜遗址出土的丝绸制品残片可得到证实。魏晋时期，江南的蚕桑养殖业逐渐成为重要的农事活动，特别是太湖流域，由于其得天独厚的自然条件，蚕桑养殖迅速发展，当地的纺织技术在唐代以后也逐渐成熟。自唐朝以来，杭嘉湖地区的丝绸制品一直是历代王朝的贡品[①]。20世纪90年代末，杭嘉湖地区的丝绸工业陷入萧条。尽管如此，当地农民依然延续着祖辈传承下来的农耕生活，种桑养蚕仍是该地区的主要农业生产活动。

　　德清县新市古镇的蚕农历来以养蚕缫丝为主要经济来源，为了祈求蚕茧丰收，蚕农在养蚕期间会祭拜"蚕神"和"蚕花娘娘"。这一习俗逐渐演变成了每年清明节前后的新市蚕花庙会。另一说是春秋战国时期，相传越国范蠡送西施去姑苏，途经新市给蚕姑蚕妇送过花，祝愿风调雨顺、蚕茧丰收。西施给养蚕的姑娘、嫂子送鲜花这个美丽古老的故事，在新市四乡广为流传。庙会结束后人们就开始春耕育蚕。

2.庙会新生

　　新市蚕花庙会期间，新市古镇邻近县镇的蚕农都会涌到古刹觉海

---

① 殷飞飞.蚕桑文化的传承与变迁：从浙江湖州含山蚕花庙会到含山蚕花节［D］.赣州：赣南师范学院，2012.

寺、司前街、寺前弄、胭脂弄、北街一带，祈祷五谷丰登；农村妇女怀装蚕种，头插各式蚕花，置身人山人海，你轧我我轧你，故曰"轧蚕花"。这一天，人们可以欣赏蚕花娘娘、蚕花仙子的精彩巡游表演，感受到浓厚的民俗文化氛围。

2024年，第26届湖州德清新市蚕花庙会围绕"宋韵""运河"元素展开，通过大巡游、宋韵市集、文旅演艺等系列活动（见图1.12），将传统民俗节庆与现代元素结合，出现了万人空巷的盛况，点燃了新市古镇的烟火气，展示了新市古镇灿烂的千年文化底蕴。

图1.12　新市蚕花庙会的市集与游街

（图片来源：作者摄于湖州新市古镇）

新市蚕花庙会亦成为民间自发的社区文化活动的重要载体。游客可以游览千年古刹觉海寺，感受其悠久的历史底蕴，也可以参与祈福蚕花廿四分的仪式。政府也充分利用这一平台，组织经贸洽谈会，积极开展招商引资活动。

1.7　梅源芒种开犁节

千百年来，梯田是浙江云和人的粮仓。在这里，人与自然和谐相处、融为一体，居住在梯田边上的云和村民，日出而作，日落而息，耕田而食。这独特的地域和文化也孕育出了特殊的畲族文化和古朴璀璨的梯田农耕文明。直至今日，当地的居民仍相对完整地保留着原始的民俗活动和生产生活方式，当地古老的民风民俗也保存得特别完整，其中最隆重的就是在每年芒种时期都会举办的梅源艺种开犁节。

1. 庙会溯源

云和百姓的生产、祭祀、信仰大都围绕着梯田而成，梅源芒种开犁节的产生源于当地久远的梯田垦殖历史和农耕生活方式，是畲汉两族共同传承的民俗活动。明洪武（1368—1398）时期，云和为朝廷银矿重要产区，矿工群体也参与了梯田开垦。梅源芒种开犁节以芒种祭神田、犒牛、开犁仪式为中心，将二十四节气文化与地方信俗融合，表达了百姓对土地、耕牛、环境、物候的尊重，具体包括设纽迎神（见图1.13）、巡游祈福、芒种开犁、酬神戏、仙娘饭等丰富内容。其中，设纽迎神习俗由来已久，清同治版《云和县志》卷十五载有"邑有迎神之举，由来旧矣……庙神舆木刻有弘治五年（1492）款识"。如此看来，距今已有500多年的历史。20世纪中期，该俗曾一度衰落，改革开放后复兴①。

图1.13　梅源芒种开犁节"设纽迎神"

（图片来源：作者摄于梅源芒种开犁节）

---

① 参见"中国非物质文化遗产网·中国非物质文化遗产数字博物馆"。

2. 庙会新生

梅源芒种开犁节是浙江省云和县梅源山区在每年芒种时节启动夏种时举行的地方传统民俗活动，有着一套特别完整、固定的习俗活动程序，其中包括鸣腊苇、吼开山号子、芒种犒牛、十八村迎神祭祀祭神田、分红肉、鸣礼炮、开犁、山歌对唱等仪式活动以及浑水摸鱼、田间拔河等农耕文化活动，涵盖祭神、祈福、感恩和吉庆等传统民俗文化，集中展示了传统农耕技艺、民间艺术和民风习俗（见图1.14），体现了崇尚自然、追求"天人合一"的传统文化核心思想。这项民俗活动为研究农耕时代的社会制度、生活方式、审美观念及农耕文明的起源、发展提供了重要依据，具有较高的历史、艺术和民俗学研究价值。

图1.14 梅源开犁节民俗表演仪式

（图片来源：作者摄于梅源芒种开犁节）

作为全球梯田保护与发展联盟发起单位，云和一直致力于山地资源和梯田文化的保护和传承，探索促进梯田生态保护与可持续发展的办法，推动山地旅游与梯田文化的深度融合。每年6月9日至11日，丽水市云和县都会举行梅源芒种开犁节。近年来，活动主办方举办过泥泞障碍挑战赛、全球青年高质量发展云和行、开犁非物质文化遗产民俗表演、宋韵非物质文化遗产市集、开犁大吉线上周等丰富活动。2021年，梅源芒种开犁节入选第五批国家级非物质文化遗产代表性项目名录扩展项目名录，填补了农历二十四节气芒种节气的国家级非物质文化遗产空白。

1.8　蒙恬会

湖州市南浔区善琏镇，因湖笔而名扬四海，当地设有蒙公祠一座（见图1.15）。据明孝宗弘治年间《湖州府志》记载："蒙恬造笔，古非无笔也，但用兔毫，自恬始耳，且制法较胜于古。"由此而来的蒙恬会不同于一般的民间祭祀，它祭祀的是"行业神"。

图1.15　善琏蒙公祠

（图片来源：作者摄于湖州善琏蒙公祠）

1. 庙会溯源

湖州善琏百姓为何年年祭奠大秦帝国的开国大将蒙恬？相传，秦军大将蒙恬小住善琏西堡村永欣寺期间，偶然发现一撮山兔毛搁在树枝上，想到若把兔毛制成笔，写诗作文便可免手刻之苦。于是蒙恬开始潜心研制毛笔，年复一年地实践改进，终于形成了一套独特的制笔工艺，并将制笔技术传给了乡亲们。此后的2 000多年来，善琏镇上便家家有笔工，人人会制笔，一直流传至今，当地百姓也享受着制笔带来的财富和荣耀。这位秦代大将，亦被后世笔工尊称为笔祖。善琏，这个因蒙恬而闻名的小镇，在晋代建立了纪念蒙恬的"蒙公祠"。元代以后，善琏的湖笔因其独特的工艺和品质而声誉鹊起，使得"蒙公祠"的香火愈发旺盛。

2. 庙会新生

农历九月十六，不仅是蒙恬的生日，也是笔工表达对这个行业敬仰和感激之情的日子。在这一天，善琏及周边的笔工都会背着装有自家湖笔的笔包，齐聚蒙公祠，举行盛大的蒙恬会，纪念笔祖"授乡民以制笔技艺"的贡献。按照习俗，参与祭祀的笔工须全部身着蓝色汉服敬香、礼拜，并向改良毛笔的笔祖蒙恬献上祭品。在仪式上，湖笔世家代表、国家级传承人、众多湖笔企业代表会为笔祖蒙恬敬奉祭品，祭拜恩祖蒙恬。蒙恬会主要有开光、整冠、洗尘、净身、宣祭文、润笔、祭祀、焚笔、出会、会酒、看蒙恬戏等传统祭祀程式。自1995年以来，蒙恬会民俗活动作为展示、弘扬湖笔传统文化的重要内容，被列入"湖州·国际湖笔文化节"的"湖笔民俗展示"板块，2009年蒙恬会民俗活动被列入浙江省省级非物质文化遗产名录。如今，兴建起来的湖笔小镇也承办着湖笔文化研学活动（见图1.16）。

图1.16 善琏湖笔小镇研学活动

（图片来源：作者摄于湖州善琏湖笔小镇）

蒙恬会代表着一脉相承的湖笔文化传承，对发展湖笔产业、弘扬传统文化、增进业界友谊具有重要的现实意义。现在的善琏湖笔小镇，是浙江首批特色小镇。善琏镇为打响"文旅善琏"的品牌，通过文化、艺术和产业的融合，在原有民俗文化的基础上推出四季旅游的"节庆IP"，开发包含非物质文化遗产特色的乡村旅游路线，将现代元素植入传统湖笔技艺，依托"互联网＋"对小镇文化产业实现全方位升级，使得文旅产业链得以不断延伸，营造出全域共情、全民共享的文化氛围。

1.9　渔民开洋、谢洋节

渔民开洋、谢洋节是浙江宁波象山县石浦镇东门渔村、舟山岱山县渔区的民间传统节日，是渔民世代相传的祈求平安、庆贺丰收，提倡保护海洋生态、人与自然和谐共处的一项民间习俗。开洋节是渔船出海时，渔民祈求平安、丰收的民俗活动，谢洋节则是渔船出海平安归来，渔民为了感恩大海而举行的民俗活动。

1. 庙会溯源

渔民开洋、谢洋节活动已有 1 000 多年的历史，以清代雍正年间至民国期间最为兴盛。传统开洋节仪式的高潮是渔船出海仪式，适逢大黄鱼捕捞季，时间多选在农历三月二十三的良辰吉时，一般持续 5 ～ 10 天，其中最隆重的部分为庙祭与请神，行街表演节目包括象山民众喜闻乐见的鱼灯、马灯、船鼓、抬阁、车灯、滑稽表演等。在浙江象山，谢洋节是石浦东门渔民一项传统民俗祭祀活动，是渔船出海平安归来，渔民感恩大海的方式。以前每年农历三月廿三到农历六月廿三前后，渔民出海捕鱼平安回来时，都要在天后宫举行谢洋仪式，包括上天香、供奉猪羊、敬五果、渔民祭拜等一共十几个步骤，以此来表达对海洋的感恩之情（见图 1.17）。

图1.17 象山渔民开洋节场景

（图片来源：作者摄于石浦海港）

2. 庙会新生

象山海洋渔文化是中国海洋渔文化的"标本"，是6 000多年以来世代象山人在其生存的海洋自然环境之中所摸索形成的，包括生产文化（如造船、织网、制作渔具等）、社会文化（如开洋节、渔民宅居、渔民饮食、渔业商贸等）、观念文化（如妈祖巡游、祭海仪式及其他民间俗信等）、组织文化（如行业组织、渔村组织、家庭制度）和其他原生渔文化（如渔谚、渔歌、渔曲、渔戏、渔鼓、渔灯等）。这些都已成为象山的经典符号与灵魂所在。渔民开洋、谢洋节，这一以海洋与渔业为核心的现代庆典活动，既是对中华传统"顺时取物"观念的传承，亦是对古代法规保障自然资源可持续发展的历史沿袭，现已成为国家级非物质文化遗产。开洋习俗与现代文明融合后，1998年，象山县政府以传统的开洋活动为基础，创建了声势浩大的中国开渔节，先后被评为"中国十大最具魅力节庆""中国十大自然生态类节庆""中国十大民俗节庆"。

随着中国开渔节的声名远播，海洋渔文化得到继承和发扬。祭海、如意信俗、石浦鱼灯、木海马制作技艺等非物质文化遗产项目，食饼筒、鱼丸等非物质文化遗产传统美食，鱼骨画、鱼拓等传统手工艺品迅速被民众熟知；石浦十四夜、三月三等10多个大型民俗活动也得到了恢复和发展。2023年8月至10月，象山石浦镇为期3个月的渔民开洋、谢洋节系列活动成功举办（见图1.18），包括了"8月妈祖谢洋祭""9月如意省亲祭""10月鱼师感恩祭"等活动，寓意着一年风调雨顺、出海平安、渔业丰收。

图1.18　象山渔民开洋节仪式

（图片来源：作者摄于石浦海港）

1.10　潮神祭祀

浙江海宁位于钱塘江入海口，素来有潮乡之称，苏轼评曰"八月十八潮，壮观天下无"。潮神祭祀是海宁地区的一项民俗活动。随着时间演变，潮神祭祀逐渐演变为祭神祈安、弄潮示勇、娱人娱己的大型民间重要习俗，人们举办祭祀潮神仪式以祈求"浙水安澜""国泰民安"。

1. 庙会溯源

关于海宁的潮神，相传已有2 000多年的历史。根据《海宁市志》中"海宁旧志"的记载，过去在每年农历八月十三至十八这段时间，男女老少都会前往坡上观潮。出版于民国十一年（1922）的《海宁州志稿》记载，清雍正七年（1729）八月二十三日，雍正皇帝下诏"特发内帑十万两，于海宁县地方敕建海神之庙"，并颁定祭祀仪制。这年的潮神祭祀仪式可称得上历史最高规格了。海宁人民对潮神非常虔诚，旧时已建有9处潮神庙。清雍正九年（1731），海宁盐官祈建了海神庙（见图1.19），也称为庙宫，之后所有的潮神均在此祭祀。自清雍正以后，海宁潮神祭祀活动除了有官方祭祀之外，各乡坊也会立庙祭祀。自古时传承下来的潮神祭祀，寄托了百姓攘灾纳福的美好愿望，充分体现沿江百姓不畏艰险、抵御潮害的精神面貌。

图1.19　盐官海塘及海神庙

（图片来源：作者摄于海宁盐官）

2.庙会新生

作为钱塘江流域的海神祭祀样本，潮神祭祀仪式内容规格高、文化价值形式多样、文献资料丰富完整，承载了宋、元、明、清以来关于人类信仰、社会变迁等的丰厚文化遗存，具有极高的民俗研究价值。海神庙内供奉的天妃（妈祖）为东南亚国家、我国东南沿海（港澳台）地区民众共同信奉，具有多方认同的社会价值。潮神祭祀及与之相关的习俗，已为当地百姓日常生活不可或缺，并于2014年被列入第四批国家级非物质文化遗产代表性项目名录扩展项目名录。

通过潮神祭祀的一系列庙会仪式，游客能感受到当地百姓从古至今向往幸福美好生活的愿望。2023年10月2日，农历八月十八上午，展现海宁"潮文化"的潮神祭祀在海宁盐官国家级文物保护单位海神庙（见图1.20）举行，露天音乐节、美食市集等活动吸引了无数年轻人。对这一传统活动的保护与传承使得海宁地区的民众更加自发地了解和尊崇潮神，同时也为海宁民间文化的发展做出了积极贡献。

图 1.20　海宁观潮胜地

（图片来源：作者摄于海宁盐官古镇）

1.11　浙江特色庙会活动一览

除以上庙会外，浙江还有很多别具特色的庙会活动，分别有着各自浓厚的地域风采与文化内涵。表 1.1 为浙江省部分庙会（民俗活动）的基本情况。

表 1.1　浙江省部分庙会及民俗活动基本概况

地域	庙会（民俗活动）	发展情况与文化遗存	精　神　寓　意
杭州	吴山庙会	吴山庙会是杭州规模最大、历史最久的庙会之一。民间习俗：祭祀神灵、舞龙舞狮、踩高跷、唱大戏等；民间艺术：杭州评话、杭州京韵大鼓、杭州相声等；"老字号"物质遗存：胡庆余堂、张小泉、孔凤春、宓大昌、张允升、方裕和、状元馆等；民间工艺：剪纸、捏泥人、吹玻璃、糖画、草编、古法蓝印、扇面画等	吴山庙会是集民间艺术、宗教信仰、物资交流、文化娱乐于一体的传统民俗娱乐文化活动。吴山是传统老字号的集聚地，是民间手工艺术的大本营，是杭州老城的缩影，更是宋韵文化传承与展示的标杆地
	径山庙会	径山庙会有独特的饮茶仪式，以茶代酒款待贵宾。其历史可追溯至唐代，当时径山寺的僧人以茶招待香客，逐渐形成了独特的饮茶仪式。仪式程序繁复而庄重，包括张茶榜、击茶鼓、恭请入堂、上香礼佛、煎汤点茶、行盏分茶、说偈吃茶及谢茶退堂等 10 多个环节	径山庙会以茶论道，禅茶一味，体现了中国禅茶文化的精神品格，其核心精神在于以茶参禅问道，现已逐渐成为一个集茶叶产销、文化交流和休闲旅游于一体的综合性平台

（续 表）

地域	庙会（民俗活动）	发展情况与文化遗存	精 神 寓 意
杭州	蒋村龙舟胜会	始于唐代，内容包括制龙舟、吃龙舟酒、裹粽子、吃粽子、挂艾叶及菖蒲和桃枝、吃"五黄"等，祈愿一生平安顺遂。蒋村龙舟胜会中"赤膊龙舟""满天装龙舟""半天装龙舟"的多样划法令人大开眼界，现该项目已列入国家非物质文化遗产名录	蒋村龙舟胜会是在外游子离家千里时内心的力量之源，是每逢端午都要回到家乡的一场团聚，是一代代蒋村人满怀的乡土之情，也是"划龙舟体强庆丰年，观龙舟吉利保平安"的祈福信仰
	中国人运河会庙会	运河沿线各地都建有庙宇，歌颂和纪念历史上的"治运功臣"。中国大运河庙会包括巡游、设彩棚、祈运仪式、十八彩船嬉歌行等活动，以及各类戏曲艺术如京剧、昆剧、绍剧、越剧等表演	庙会传承与弘扬了运河文化，极大地促进了杭州大运河传统民俗文化的对外交流，反映了杭州生活的特色载体，也彰显出运河的现代气息
	甑山庙会	在历史上，甑山一带曾是一个反抗外来侵略的重要战场。当地民众特设立庙会来表达对英雄保卫家园、英勇奋战的敬意和感激之情。农历四月十一举行的甑山庙会已成为河上镇众联村一年一度最盛大的节日	如今的甑山庙会将民俗文化与国风文化完美融合，展示了鲜活的民俗文化、饮食文化和非遗文化，有效地激活了庙会传承传播文化的活力，进一步打响甑山庙会这一金字招牌
	河上龙灯胜会	或源自唐"泾河老龙"祈雨的传说，百姓用板凳扎灯，接板成龙；也有说法是河上龙灯胜会源于南宋，在河上生根发芽。仪式包括开光大典、出灯、闹元宵、化灯四个过程，以祈求风调雨顺。融合板龙制作技艺、竹马制作技艺、舞龙表演技艺、春节闹元宵习俗、春节祈福等传统于一体	河上龙灯胜会，从制龙到舞龙，已形成独特风格，集中展示了萧山民间手工技艺的精华，是研究江南地区民间艺术与民众文化生活的重要材料，亦反映了人们对国泰民安、人丁兴旺的美好祝愿
湖州	新市蚕花庙会	源于新市镇的蚕农们对西施的纪念；是一场在清明时节自发组织的祭拜蚕神的传统庆祝活动，寓意着对蚕桑丰收的期盼与祝愿。新市蚕花庙会包括祭拜蚕神、祈祷五谷丰登；如今，当地人民通过新市蚕花庙会开展蚕桑业经贸交流	了解蚕神传说的由来、祭拜蚕神的意义以及轧蚕花活动的内涵，从而增进对当地蚕桑文化的认识

（续　表）

地域	庙会 （民俗活动）	发展情况与文化遗存	精　神　寓　意
湖州	蒙恬会	源于对笔祖蒙恬的敬仰和纪念。 有别于一般的民间祭祀，它祭祀的是行业神，参与者也都是从事制笔业的人，主要有开光、整冠、洗尘、净身、宣祭文、润笔、祭祀、焚笔、出会、会酒、看蒙恬戏等传统祭祀程式，以盼笔祖保佑笔业兴旺	蒙恬会是展示和弘扬我国湖笔文化的舞台，影响面广泛，具有极高的民俗学研究价值
	绍兴水乡社戏	绍兴因其独特的水乡环境，孕育了具有浓厚地方特色的民间文艺活动。水乡社戏是一种以戏剧表演为核心的民俗活动，历史悠久，到南宋时期已十分盛行，是为祭社而演的戏。这种形式从古老的祭祀活动与表演方式中脱颖而出，形成"社、祭、戏"相统一、相融合的最终形式	水乡社戏将民俗与水生态特色相融合，孕育出独特的艺术表现形式，具有宝贵价值；重现了绍兴演社戏、看社戏的民俗风情和越地戏曲特色，并将原始社戏风貌和现代表演艺术有机结合
丽水	畲族三月三	农历三月初三是畲族人民的传统节日，为纪念雷万兴带领义军冲出重围之胜利，当天各种祭祀活动、民俗表演、山歌对唱等接连不断，抒发了畲族人民对美好生活的向往和热爱。畲族三月三民俗活动包括外出踏青、做乌饭、织彩带、对山歌、祭先祖、对歌共舞等	畲族三月三以其群众性、娱乐性、艺术综合性和喜庆性为显著特点，是畲族传统文化的重要展现。不仅对研究畲族历史、文化渊源、民族与民俗关系有重要价值，而且在保护与发掘畲族文化遗产、促进景宁地区经济发展等方面发挥着重要作用
	张山寨七七会	始于明万历初年。传说农历七月初七是陈十四诞日，每年这一天当地民众都要聚在一起举行规模盛大的张山寨七七会。活动形式包括设立案坛、上寨迎轿、巡游祈福、献戏、山寨守夜、会案表演、叠罗汉以及祭拜归位等环节，其中叠罗汉表演备受瞩目	涵盖了信仰、民俗和民间文艺等多个领域，对于传承中华优秀传统文化、增强民族凝聚力以及促进各民族团结具有重要意义；同时，该庙会也具有较高的传统节日文化研究价值和民俗学价值

（续 表）

地域	庙会 （民俗活动）	发展情况与文化遗存	精 神 寓 意
宁波	鄞江十月 十庙会	始于北宋，源于纪念它山堰建设者——唐代王县令建"它山庙"。在山堰的公益大坝建设中，有十位壮士为此英勇献身，为告慰十位壮士的在天之灵，每年的十月初十便会举办庙会，吸引鄞西各乡镇的乡民商贩前来赶集、看戏、买卖交易	鄞江十月十庙会展现的是一方水土所涵养的风俗人情，是传统文化的代代传承，寄寓了劳动人民的美好愿望和祈盼，期盼国泰民安、生活富裕、人世昌隆、人寿年丰
	渔民开洋、 谢洋节	渔民开洋、谢洋节的原始意义是希望神灵保佑出海能一帆风顺、满载而归，为每逢春汛渔船出海、渔民进入春汛捕捞期和渔汛结束时举行的融合了祭祀、娱乐及商贸等的一系列活动。仪式包括庙祭与请神，行街表演节目包括鱼灯、马灯、船鼓、抬阁、车灯、滑稽表演等	象山的渔民开洋、谢洋节，不仅是浙江地区海洋文化的瑰宝，更是中国沿海祭祀历史研究的宝贵资料，推动了渔文化繁荣昌盛
衢州	九华立春 祭	每年的立春，衢州的梧桐祖殿（春神殿）都会举行古老而隆重的九华立春祭仪式，以祈求风调雨顺、五谷丰登。主要祭祀活动如下：祭拜春神句芒、迎春接福赐求五谷丰登、供祭品、扮芒神、焚香迎奉、扎春牛、演戏酬神、踏青、鞭春牛等	九华立春祭是我国源远流长的农业文明传统民俗仪式的宝贵遗产，体现了农历二十四节气的科学性以及人与自然的和谐性
温州	洞头妈祖 祭典	妈祖祭典为浙江洞头地区传统民俗，因其以渔业生产为主，故当地人对妈祖极其信奉。在妈祖庙举行的妈祖祭典仪式包括祭拜、做供、妈祖巡游，迎火鼎以及做戏等民俗文化活动	妈祖文化以崇扬立德、行善、大爱精神为核心，是劳动人民千百年来传承下来的精神财富，妈祖信仰对海峡两岸关系有着重要的桥梁和纽带作用
	莘塍庙会	始于北宋时期，主旨是纪念东堂司和洪岩宫主兄弟带领人民抗击台风、干旱等自然灾害的事迹，以及历代先贤们为疏浚温瑞塘河作出的业绩。莘塍庙会的抬佛是一种祈求百姓安康幸福的生活仪式，村民抬着三个"佛"，敲锣打鼓，举旗鸣号，沿街走巷，此外还有舞龙等活动，展示丰富的文化遗产	莘塍庙会作为当地重要的传统民俗文化活动，是瑞安文化重要组成部分，也是我国珍贵的文化财富

（续　表）

地域	庙会 （民俗活动）	发展情况与文化遗存	精　神　寓　意
台州	七夕节 （石塘七夕习俗）	由星宿崇拜演化而来，为传统意义上的七姐诞，因拜祭七姐的活动在七月七晚上举行，故名七夕。七夕节（石塘七夕习俗）的祭拜仪式主要环节是拜七姐，还有祈福许愿、乞求巧艺、坐看牵牛织女星、玩"磨喝乐"等。更有意思的是，当地人祝七姐为儿童的保护神，故这天16岁以下儿童皆参与祭祀祈福，寓意长大成人	石塘七夕习俗有浓厚的文化特性与地域风情，具有明显的闽南文化特性，又与台湾地区"七娘妈"彩亭习俗一脉相连，这对于加强海峡两岸文化认同与交流有着重要意义
金华	赶茶场	晋代，民众建立庙宇供奉茶神许逊。至宋代，该庙宇于茶场边重建并被命名为茶场庙。赶茶场包括"春社"和"秋社"两季庙会，以茶叶交易为中心。春社时举办社戏表演、挂灯笼、迎接龙灯等民俗文化活动。秋社时，活动内容包括迎大旗、踩街、叠牌坊、大凉伞、社戏等多种民俗表演；此外，还有三十六行、叠罗汉、抬八仙、骆驼班、铜钿鞭、大头和、大花鼓等丰富多彩的民间艺术表演	保护和传承这一民俗文化活动对于古茶场的维护和当地茶叶生产的发展具有极其重要的现实意义
	方岩庙会	源于胡公祭祀活动。胡公为官一任，造福一方，为当地百姓所称道，胡公祭祀活动在浙江有深厚的历史积淀、受众群体。方岩庙会的核心内容是"迎案"，即"迎罗汉、拜胡公"仪式活动：胡公神座（俗称胡公案）巡游，卤簿仪仗扈从，数十或上百名青壮年组成罗汉班（俗称迎罗汉）随其后，表演武术杂要；亦有歌舞队或跟随罗汉班之后，或单独活动	方岩庙会已经演变为集永康民间表演艺术之大成的重要民俗活动、民间武术交流的重要平台、民间手工技艺展示的重要窗口。这一活动深深地扎根于当地民间文艺与体育活动中，成为展示和传承这些文化元素的重要舞台
嘉兴	网船会	起源于清朝咸丰年间纪念灭蝗将军"刘猛将"的祭祀活动（也有说法称起源于元末明初），后逐步发展演化为每年固定的民间庙会，主要传承地为嘉兴市王江泾镇。网船会时，渔民、船民驾船前来赶庙会，进行祭祀、会亲、娱乐、商品交易等活动，表演则有传统的踏白船、打莲湘、挑花篮，还有舞龙灯、展龙旗、扎肉提香等	网船会为江南独特的水上庙会和渔民狂欢节。历经百余年演变，已成为当地渔民和船民的盛大节日，承载着认祖归宗、增进感情的重要文化使命，是宝贵的地方文化资源，也是国家非物质文化遗产

（续　表）

地域	庙会 （民俗活动）	发展情况与文化遗存	精　神　寓　意
嘉兴	硖石灯会	硖石灯会始于唐，盛于宋。在唐代，硖石灯彩已经誉满江南：南宋时被列为朝廷贡品。清乾隆年间，硖石形成了演灯、顺灯、斗灯的盛况。19世纪末20世纪初，硖石民间制灯、迎灯盛行，灯彩的制作工艺和造型亦有了较大突破。发展至今，硖石灯会的规模和形式也在不断变化，既有静态的、固定的灯彩展示，也有南关厢街区正月的迎灯活动	硖石灯彩是中国著名的民间工艺美术品，成为融声、光、电、建筑、书、篆、画等多种元素于一体的传统工艺品。一盏灯的传奇故事不断被书写，它从嘉兴海宁走向全国甚至全世界，让无数人领略到了国家级非物质文化遗产灯彩（硖石灯彩）的独特魅力

| 第2章 |
浙江传统庙会的特性梳理与文化挖掘

　　浙江传统庙会作为中国传统文化的重要组成部分，具有独特的魅力和丰富的内涵。作为一种地方性的传统文化活动，这些庙会不仅展示了浙江地区深厚的历史文化底蕴，还反映了当地人民的信仰、习俗和生活方式，具有历史性、地域性、时节性、文化娱乐性等丰厚的社会特征，展现出了浓厚的民俗特色和丰富的文化内涵。庙会期间，各地游客汇聚一堂，共同参与和见证了热闹非凡的盛事。人们会前往寺庙、道观等宗教场所祈福、还愿，表达对神灵的敬畏和信仰。同时，庙会融合了各种民俗活动，如舞龙舞狮、打鼓击乐、民间舞蹈等，营造出浓厚的节日氛围。这些活动不仅丰富了庙会的内容，还传递了人们对美好生活的向往和追求。这一集体行动不仅增强了社区居民之间的凝聚力和归属感，还促进了地方经济的发展和文化的传承。浙江传统庙会具有显著的地方特色。信仰与民俗的结合，文化与精神的传承，以及社群凝聚力和合作精神的延续，使得浙江传统庙会在不断发展和创新的过程中，保持着浓厚的民俗氛围和独特的文化魅力，吸引着越来越多的人参与体验和感受。

　　本章以浙江传统庙会为研究对象，通过对浙江传统庙会的特性梳理，探索其独特魅力，深入挖掘和揭示其背后深厚的文化内涵，以期为我国庙会文化的保护与发展提供有益补充，为传承和发扬我国庙会文化贡献力量。

2.1 时间性与空间性的共洽

2.1.1 历史底蕴深厚

浙江传统庙会源远流长，承载着丰富的历史文化信息，传承着古老的传统和习俗，已成为当地人民的骄傲。浙江传统庙会的起源可追溯至东汉、南北朝时期。在其后的发展中，庙会逐渐与民间信仰、宗教文化结合，形成了独特的庙会文化。

宋朝是我国历史上一个重要的文化大繁荣时期，是一个相当特殊的时代，是一个辉煌灿烂的时代，它以其独特的艺术风格和丰富的人文内涵，对我国乃至世界文化产生了深远的影响。宋韵文化是中华优秀传统文化的重要组成部分，是具有浙江辨识度的重要文化标识。宋朝的庙会文化在唐朝的基础上得到进一步的发展，庙会成了一个重要的社会娱乐和商贸活动。从《东京梦华录》《梦粱录》《武林旧事》等文献记载可看到宋朝庙会文化发展的繁荣景象。其中，由于南方少战乱，百姓生活稳定，因此庙会在江南地区尤为繁盛。

承办吴山庙会的清河坊历史街区作为全国南宋文化积淀最为深厚、遗迹保留最为完整的地区之一，是"宋韵文化传承展示中心"的标杆阵地，是杭州迎接国内外游客的主要窗口。舞狮、伍子胥祭祀大典、宋服和汉服演绎等传统艺术表演紧扣南宋文化脉络，解锁宋韵国风的流量密码；游客可在清河坊历史街区打卡宋韵市集、观看宋韵瓦肆、体验传统项目，实地观摩朱炳仁的铜雕技艺、潘永泰手工弹棉花技艺等非物质文化遗产项目的风貌和制作工艺。游客可通过剪纸、捏泥人、吹玻璃、糖画、草编、蓝印花布印染、扇面画等手工艺体验活动随非物质文化遗产传承人体验民间工艺，深入了解匠心精神，深刻认识杭州特有的非物质文化遗产技艺和宋韵文化。

2023年12月29日，吴山庙会暨伍子胥祭祀典礼系列活动在杭州市上城区的清河坊历史街区举行。据工作人员介绍，为了能高度还原古代

"伍子胥祭祀典礼"，此次"伍子胥祭祀大典"邀请了相关历史文化专家参与仪式流程的制订和审核。同时，还在吴山庙会系列活动中融入宋学宋艺元素，使传统文化习俗更易被群众接受并融入日常生活。"伍子胥祭祀大典"结束后，艺术巡游队伍与清河坊历史街区内的传统技艺传承人一同进行传统文化展示与手工艺表演。宋礼祭伍公、宋韵剧本游、阳台戏曲、街头杂耍、市集打卡、"一路抢鲜"年货节等一系列年俗活动，搭建起沉浸式体验宋韵年俗文化的大舞台。

每年胡则生日，民间各地都会举行庆生仪式，其中又以庙会（方岩庙会）最为隆重且流传最广。方岩庙会是永康民间最热闹、最盛大的民俗节庆活动。方岩庙会的延续和繁盛，代表了永康人对宋朝人文文化的重视。此外，一年一度的"十岁上方岩"活动也如期在方岩山上的胡公殿举行。孩子们徒步登山，在胡公像前点朱砂、明志向，聆听胡则励志故事，立誓向先贤学习。

2023 年 10 月 18 日，时隔 80 多年，方岩庙会的五峰会祭在五峰书院举行。作为纪念陈亮诞辰 880 周年系列活动之一，陈亮后人、研究陈亮的学者、社会各界人士共 300 余人会聚此地，以祭祀先贤先儒、弘扬书院文化、加强文脉传承、打造浙学高地为会祭主题，以击鼓鸣锣、敬献奠帛、吟诵诗词、奉香敬香、礼生参礼、吟诵祭文、望燎分飨等仪程，共祭南宋著名思想家、文学家、永康先贤、永康学派创始人陈亮。

五峰会祭的传统由来已久，过去称作五峰岁会，分为春、秋两祭，是千百年来各方文人雅士缅怀先贤、交流传播浙东学派思想的重要仪式。如今，其对赓续历史文脉，加强文化遗产保护，推动优秀传统文化创造性转化、创新性发展亦有重要意义。清乾隆四十四年（1779），永康当地乡贤重修五峰书院，在恢复讲学传统的同时，效仿儒家学派，在特定日子祭拜先贤。每逢五峰岁会，永康及金华的文人学士齐聚于此，在祭祀先贤的仪式结束后，举行讲会、读书会。

清人程兆选在《重修五峰书院记》中写道："永康则有五峰，其主讲席者陈龙川也。"南宋时期，陈亮（号龙川）曾在五峰山下摆开"堂堂之阵"，竖起"阵阵之旗"，弘扬经世致用主张，让五峰书院成为南宋永康学派、明朝五峰学派两座思想文化高峰的发源地。如今，陈亮文化开放包容、凝聚四方、文明创新的精神成为推动当地社会进步和文化繁荣的重要原动力。

宋韵文化是浙江立志要打造的一张金名片。延伸至永康，便绕不开胡则、陈亮两座人文高峰。这对双贤恰好都与方岩有着紧密联系。永康政府牢牢抓住契机，深入实施文润永康工程，突出"一山两宋双贤"文化资源优势，聚焦推进胡公、陈亮宋韵文化复兴。方岩庙会就成了一个很好的载体。五峰会祭在方岩庙会上重启，不仅是为了向先贤致敬，更是希望效仿先贤，邀请书友、文友会聚永康，承继文脉，再续弦歌，重现五峰书院昔日的鼎盛。

追随名人足迹，经行千年古峰，让千年宋韵之美在方岩山上熠熠生辉。借由传扬先贤文化，方岩庙会的定位不再囿于一场民俗集会，而是成为充分展现宋韵文化和地方风采的绝妙舞台，向海内外展示了我国作为文明古国几千年来的社会文化、社会伦理积淀，展示了我国良好的社会公序良俗和美好的未来。

2.1.2 空间地域生态的展演

浙江庙会文化历史悠久，源远流长。随着时间的推移，庙会活动逐渐从城镇中心向乡村、山区扩散，成为当地文化生活的重要组成部分。便捷的交通和人口流动使得各地的庙会活动相互融合，形成了独具特色的浙江庙会文化。如今，庙会的举办地点已不局限于寺庙，而是拓展至广场、公园、体育馆等多元化公共空间，以满足现代社会的多元需求。

以浙江台州的"送大暑船"为例，这项历史悠久的庙会活动，每年在小暑至大暑期间举行，以葭沚五圣庙为核心，吸引附近民众，尤其是渔民前来进香。期间，精彩的戏曲表演吸引了成千上万的观众。至大暑日，庙会活动达到高潮，人们组成盛大的送暑队伍，载歌载舞地将一艘农历四月即开始建造的大暑船送至椒江，由渔轮拉至出海口，在海上焚烧，寓意送瘟神出海，祈求来年平安吉祥。"送大暑船"分为造船、迎圣、清酒、送船等环节，从庙内，到江边，到沿街，最后出海，是台州湾地区民俗文化的活态呈现，寄寓了百姓"驱除邪祟、祈求平安"的愿望。

随着历史的流转和时代的变迁，庙会活动在不断地创新与发展中焕发出新的生机与活力。特别是在科技日新月异的今天，现代科技展示、美食品尝等元素的融入，使得庙会活动变得丰富多彩，吸引了众多年轻人的积极参与。

以赶茶场这一民俗活动为例，它的原始形态可追溯到唐朝，经过宋朝的发展与优化，至明朝达到了鼎盛时期。在这一漫长的历史过程中，形成了春社与秋社两个重要的庙会节日，以茶叶交易为核心。人们崇拜茶神许逊，建庙立像，四时朝拜；每逢庙会，又有社戏、迎龙灯等民俗文化活动，使得赶茶场不仅具有浓厚的文化底蕴，还充满了艺术气息。古茶场的建筑也是一大亮点，它们不仅具有极高的艺术价值，还是集市场交易、祭祀功能于一体的古建筑。每当春社与秋社，这两大盛事便吸引了当地及周边民众踊跃参与，共享这场民间艺术盛宴。人们通过共同的文化仪式创造共同的文化价值，传承着优秀的传统价值观。

再如水乡社戏，这是一种源于浙江农村及城镇的，以戏剧表演为核心的民俗活动，普遍流行于绍兴地区，是我国非物质文化遗产的重要组成部分。绍兴，这座坐落在河网地带上的城市水资源丰富。绍兴的水生态环境孕育了当地的村落文化，而承载村落文化的空间——戏台也应运而生。戏台的发展又进一步推动了绍兴水乡社戏的发展。过去的绍兴水乡社戏，部分戏台建于水面之上，称为河台、水台，观众乘船观赏。然而，在现代化和城镇化的进程中，绍兴的水资源、水生态遭到了严重破坏。绍兴出现了填河、水质污染等严重破坏水环境的现象。这不仅对当地农业生产造成危害，更使得绍兴水乡社戏的传承面临严峻挑战。特别是在改革开放以后，绍兴水生态环境的变化，不仅改变了民众看戏的方式，更导致大量古戏台的消失。历史上，绍兴几乎每个自然村都建有社庙和戏台，戏台数量在清末民初时数以千计。然而，时至今日古戏台数量锐减，这一变化与水生态的恶化有着密切的关系。水生态、村落、戏台、社戏，它们共同构成了一个动态的文化生态链。水生态的环境污染问题加剧了村落的拆迁和改造，而村落的消失又导致古戏台被视为传统残留物而被拆除。因此，围绕村落、以戏台为主要表演场地的绍兴水乡社戏的传统演出空间被破坏，活动数量大幅减少，生存面临极大的威胁。因此，水生态、水资源对绍兴水乡社戏的发展具有至关重要的影响。村落、戏台等外在物质形式的改变，必然导致文化的变迁。为了恢复和发展绍兴水乡社戏，首要任务是恢复水系及与其相关的戏台。同时，优美的水乡环境也能激发人们的审美情趣和艺术表达，从而更有力地推动社戏文学层面的发展。

浙江传统庙会，受独特的民间信仰、风俗习惯和地域文化的影响，呈现鲜明的地域特色。例如，杭州的吴山庙会、宁波的溪口庙会等，都充满了浓厚的地域风情。这些庙会的发展与浙江土地变迁和社会文化进步的关系十分紧密；庙会的影响力从最初的城镇中心逐渐扩展至乡村、山区，其规模和形式也在不断演变。

同时，随着影响力的逐渐扩大，浙江传统庙会不仅吸引了越来越多的游客，还丰富了文化内涵，促进了地方经济的蓬勃发展。在演变过程中，浙江传统庙会不断吸收新元素，创新活动形式。一方面，它们保留了传统的舞龙舞狮、打鼓击乐等表演项目，使得传统文化得以传承；另一方面，又融入了现代科技和艺术元素，如虚拟现实、互动体验等，使庙会更加生动有趣，吸引了更多年轻人的参与。

随着浙江城市化进程的加速和文化旅游产业的持续发展，庙会活动的空间和地域将进一步拓展，活动形式和内容也将更加丰富多样。我们有理由相信，未来浙江传统庙会将继续传承和发扬地方文化，成为展示浙江独特魅力和活力的重要窗口。同时，它们也将为当地经济发展注入新的活力，推动浙江的文化旅游产业迈向新的高峰。

2.2 信仰与功能的多元性

浙江传统庙会活动丰富多彩，包括祭祀、商贸活动、文艺表演（民间技艺展示）等。这些活动既体现了庙会的宗教功能，也发挥了民间文化交流的平台作用。在浙江地区，传统庙会与人们的生活息息相关，随着庙会的不断发展，其所承载的信仰和祈福的内容变得越来越丰富。既有祭祀与当地人生产生活关系密切的、民间极为信仰的行业神祇的，也有将对当地发展产生过重要影响的历史人物尊为神灵供奉起来祭拜的。

例如，与茶业相关的庙会包括径山茶宴、磐安的赶茶场；与蚕桑业相关的则有新市蚕花庙会、桐乡含山轧蚕花庙会；丽水庆元有与菇业（香菇种植）相关的菇神庙会；湖州制笔业则有自己的善琏蒙恬会；等等。此外一些地方的水上庙会别具一格，也值得一提。比如嘉兴秀洲的网船会，则是京杭大运河江南段船民和渔民的一个重大庙会。祭祀对象刘猛将，民间还称他是灭蝗英雄。也有一类庙会是为了送瘟神，为的是消灾避祸。这些庙会历史悠久、规模宏大，影响广泛，承载着重要的社会功能与文化意义。除了有针对性祭祀内容的以外，一般赶庙会的人都会有朴素的愿望向神灵诉说，祈求神灵保佑风调雨顺、五谷丰登、六畜兴旺、人口平安、多子多福、招财进宝等。

磐安赶茶场的文化信仰源于当地民众对茶神许逊的深深崇敬。据史书记载，晋朝时期，许逊游历至玉山，目睹山野间茶树繁茂，品质卓越。然而，由于玉山地处偏远，山民缺乏茶叶加工炒制之技艺，使得这些优质的茶叶难以销售。许逊深感惋惜，遂亲自传授茶农种茶制茶之技艺，结合高山云雾之特色，创制出享有盛名的"婺州东白"茶，使茶叶贸易逐渐繁荣。经过一段时间的发展，古茶场在宋代成为向官府进贡与专卖茶叶的重要场所。历经千年，茶叶种植加工业已成为当地经济的重要支柱，茶农们仍心怀对许逊的感激与崇敬。在赶茶场时，对茶神的祭拜与尊崇不仅代表着当地民众的信仰，更是他们心灵的寄托，这对于强化当地民众的乡土情感认同具有深远的意义。

在湖州善琏蒙恬会中，参加活动的人们可以深切感受到当地独有的祭神庙会。蒙恬祠前商贩云集，游客如织，唱戏耍棍，热闹非凡。在古代湖州善琏的经济构成中，一直都是以缚笔、蚕桑与农事并举。湖州善琏居民自古以来便有"农耕之暇则缚笔""备耕作之利"的传统。明清时期，在地方产业调整、湖笔业逐渐占据主导的背景下，蒙恬会这一项具有地方宗教性质的民俗活动发展得越来越好。近年来，湖州高度重视和发展湖笔产业，有力地保护了湖笔传统文化。2006年，湖笔制作技艺被列入第一批国家级非物质文化遗产名录，湖笔的保护和传承从此走上了规范的发展之路。2015年6月，浙江首批特色小镇之一的湖笔小镇花落善琏。湖笔小镇是依托江南水乡之境、国学文化之情，以国际化视野和大旅游战略来谋划布局，打造的集湖笔文化体验、国学文化教育研修、康体养生及休闲度假于一体的联结传统文化与时尚生活的创新型文化旅游小镇。

再以绍兴舜王庙会为例，当地村落会组织各类"会"，如铳会、执事会等，各展所长，表演传统民间艺术。每"会"前必有旗幡引路，标明所属村落与会种。这些"会"的组织及其在庙会中的精彩表现，不仅成为村民关注的焦点，更是他们的骄傲，有助于增强社会凝聚力和乡土情感。

庙会亦是亲友间加深情感的重要场合。每当庙会来临，好客的主人便会邀请外地亲友共赏庙戏、共游庙会，既联络了感情，又充实了生活，实乃一举多得。因此，庙会在某种程度上成为节日庆典，增进了人们之间的感情。在对嘉兴秀洲网船会的调查中，我们发现，因船民、渔民职业的特殊性，他们常年漂泊水上，亲友聚会不易，故他们对网船会格外重视，网船会成为他们联络感情的主要桥梁。

2.3 时节性与民俗性并存

庙会作为一种特殊的民俗现象，之所以不同于其他形式的民间活动，像民间社火、立春祈福等习俗，就在于它必须是在一定的时节举行。中国的很多民间庙会活动一般在农历新年的正月（元宵节）、二月二"龙抬头"、清明、端午等日子举行，这是在漫长的历史发展中形成的。

时节性体现在庙会通常在特定的节日或季节举行。诸如农历春节、元宵节、腊八节、冬至、端午等节日，就是典型的时节性民俗节日。这些节日在中国人的日常生活中具有重要的文化和历史意义，因此庙会也成为庆祝这些节日的重要活动。庙会的举行与人们的生产和生活紧密相关，反映了人们对于特定时节的认知和尊重。

民俗性则体现在庙会的各种活动和传统习俗中。庙会是一类古老的传统民俗文化活动，其中包含了丰富的民俗元素。例如，祭神是庙会的重要活动之一，它体现了人们对于神灵的信仰和敬畏。此外，庙会上的民间演出、民间玩具、传统游戏等也都体现了民俗文化的魅力。庙会的时节性和民俗性共存，使其成为中国文化和民俗的重要体现。庙会不仅是人们庆祝节日、祈求丰收和平安的重要场所，也是传承和展示中国传统文化和民俗的重要平台。

庙会的时节性特征主要体现在春日庙会居多，这也是以我国所处地理位置和特殊的社会历史条件为背景而形成的文化特色。农历二十四节气是中国古代先民为指导农事生产创立的古代历法，是人们尊重自然、顺应自然的智慧法则，也是千百年来人类遵循的重要生产生活节律，围绕农历二十四节气产生的祭祀仪式、传统民俗、节气文化、节气农谚等也在乡村得到了较为完整的保护。近年来，我国不断加强对农历二十四节气文化的保护与传承，国务院、联合国教科文组织先后将其列为国家级和人类非物质文化遗产，全国掀起农历二十四节气文化的保护传承热潮。例如，衢州的九华立春祭就是一项古老而独特的民俗活动，它巧妙地通过神的造像来传达了农耕文明的核心观念，体现了对天、地、人之间和谐共生的自然生态关系的追求。此活动不仅深刻体现了人们对美好生活的热切向往，顺应自然规律的智慧，掌握农耕常识的能力，以及适时动员农耕、推动农业生产发展的深刻文化内涵，同时也对构建和谐社会具有深远的启示意义。

九华立春祭与农历二十四节气相关，是中华农耕文明传统民俗仪式的杰出代表，更是中华民族优秀传统的珍贵遗产。它彰显了中华民族对自然的敬畏与感恩、对生命的尊重与珍视，以及对和谐社会的追求与向往。在立春之日，人们通过鞭牛迎春、祭祀春神等民俗活动，传递出对风调雨顺、五谷丰登的企盼，以及对生产生活的美好期望与愿景。因此，围绕节气形成的祭祀民俗，是文化传承中不可或缺的重要组成部分。这种世代相传的民俗文化，以其独特的媒介形式和内涵，体现了极高的价值。自古以来，人们就有对风调雨顺、五谷丰登、物阜财丰的期盼。在当今时代背景下，结合立春祭的历史意义和文化底蕴，更应当将其中的精神诠释为顺应自然规律、鼓励勤劳耕作、推动农业生产而大力弘扬。

发展与农历二十四节气相关的民俗活动，对于继承中华民族优良传统、弘扬民族精神具有不可估量的重要意义。九华立春祭是浙江省衢州市，柯城区九华乡外陈村保留完好的传统农时节令节俗。它不仅展示了中华民族民间传统节日和习俗的历史传承，也揭示了生态与人文之间的紧密联系。因此，它在学术和艺术研究领域具有较高的价值，同时也是珍贵的文物资源，为我们深入了解和研究中华民族农耕文化的历史和传承提供了宝贵的线索。

尽管九华立春祭已被列入国家级非物质文化遗产名录，但其传承与保护工作仍面临诸多挑战。我们必须认识到，传承到如今的九华立春祭正面临严重的生存危机。目前，能够执掌这一民俗活动的传承人年事已高，且后继乏人，使该活动有濒临消亡的危险。同时，随着中国城市化进程的加速，农历二十四节气文化等传统文化元素与人们日常生活的关系不再紧密，这无疑给包括九华立春祭在内的与农历二十四节气相关的传承与保护带来了更大的挑战。

为应对这些挑战，我们需要通过多种途径和方式宣传、推广这一独特的文化活动，吸引更多年轻人参与其中，使年轻群体成为新时代文化传承和创新的重要力量。同时，我们还应加强对九华立春祭的研究和保护工作，深入挖掘其文化内涵和历史价值，为未来的文化传承和发展工作奠定坚实基础。作为中国传统文化中独具特色的存在，九华立春祭不仅展现了农耕文明中天、地、人的自然生态关系，也弘扬了中华民族优良传统和民族精神。面对传承危机和现代社会的挑战，我们更应加倍努力，保护和传承这一独特的文化活动形式，让其在新的时代继续焕发出璀璨的光芒。

浙江传统庙会的集体性特征表现在活动的组织、筹备、内容和氛围等方面，这些需要人们的协作和配合才能实现。庙会成为一个展示集体力量和团结精神的场所，也是传承和弘扬传统文化的重要平台。除了上述提到的集体性特征外，浙江传统庙会还具有以下特点。

一是地域特色。浙江各地的传统庙会具有鲜明的地域特色，反映了当地的历史、文化和风俗习惯。各地的庙会活动形式和内容都有所不同，水乡民众祭祀大禹、潮神，山区民众崇拜火神，滨海民众信奉妈祖（洞头妈祖祭典），还有杭州的西湖香市、温州泰顺的百家宴、嘉兴秀洲的水上庙会——网船会等。这些庙会都具有浓厚的地方色彩。

二是文化传承。庙会是传统文化的重要组成部分，通过庙会活动，人们可以了解和传承传统文化。庙会上的祭祀仪式、文艺表演、商贸活动等都是传统文化的具体表现形式。通过参与庙会，人们可以更加深入地了解和体验传统文化。如国家级非物质文化遗产径山茶宴，就是以清淡、平和、高雅而受世人推崇。在当下，为将径山茶宴研究成果转化为生产力，需充分挖掘其内在要素，并拓展其外在价值。以市场为导向，鼓励多元主体参与开发，以满足不同受众的需求。在保持"茶禅一味"文化内核的基础上，提升径山茶宴的原创性，让参与者能够体验到"一品茶宴，回味千年"的深厚文化底蕴。据了解，有关单位已设法深化径山茶宴的民俗元素，通过"六茶共舞"等多元活动，结合现代科技和数字化手段，全方位展示径山茶宴的魅力。最终，他们将以径山茶宴为品牌，推动饮食文化的创新发展，进一步壮大"茶宴"的经济力量。

三是庙会的娱乐功能。随着庙会的不断发展，庙会也从最初的祭祀活动变为人们日常生活中不可或缺的娱乐性场所，具有越来越强的休闲性。唐宋之后，庙会逐渐转变为民间娱乐的一种方式。以下介绍庙会中极具特色的三类民俗表演。

1. 社戏

在研究绍兴水乡社戏习俗的发展历程时，我们发现了其深厚的历史背景和丰富的民俗内涵。这种表演形式的源头可追溯到远古时期的祭祀歌舞。经历了漫长的发展历程。从先秦到唐宋，绍兴水乡社戏逐渐融合了音乐、歌舞、武术、杂技等多种艺术表演形式，形成了独特的艺术风格。随着城镇化的推进，非物质文化遗产如绍兴水乡社戏面临着冲击和挑战。然而，这也为提升非物质文化遗产品位、促进其发展提供了契机。一方面，应顺应城镇化的潮流，发展城市戏剧业态，让绍兴水乡社戏的独特气质和魅力得以展现，走出绍兴，寻找新的舞台。例如，将绍兴水乡社戏引入上海"大世界"的舞台，通过文化创新的作用，使地方小调得到进一步发展，如越剧的发展便是例证。另一方面，也应借鉴其他优秀成果的经验，丰富和完善绍兴水乡社戏的内容和表现形式。集思广益、博采众长，不断创新戏剧形式，使绍兴水乡社戏在保持传统特色的基础上，焕发新的活力。遵循世界非物质文化遗产保护的宗旨，让绍兴水乡社戏光芒绽放，走向世界舞台，展示其独特的艺术魅力。

2. 社火

社火是一种古老的民间艺术表现形式，也是庙会中民间文艺活动的主要表演形式。社火演出通常在庙会祭祀日、社日或节日举行。如社火脸谱表演和金华市磐安县尚湖镇的国家级非物质文化遗产迎大旗都是非常经典的社火习俗。又如庆龙年、迎龙灯、舞龙展示、珠引龙走表演气势磅礴，为新的一年带来好兆头。村民们还将金龙舞上了风崖谷景区的高空玻璃桥，飞龙在天，场面甚是壮观，承载了民众对龙年的期待。要狮子、唱越剧、舞长鞭、秀武术……社火表演在喧天的锣鼓点声中相继展示，点燃年的氛围。村里同胞们也着盛装随之欢乐起舞，大伙纷纷拿起手机拍照、为社火队员呐喊鼓劲。

3. 灯会

元宵节灯会始于汉、兴于唐、盛于宋。《宋史》中记载："自唐以后，常于正月望夜，开坊市门燃灯。宋因之，上元前后各一日，城中张灯"，"悉起山棚，张乐陈灯，皇城雉堞亦遍设之。其夕，开旧城达旦，纵士民观"。可见北宋灯会的盛况。在浙江众多传统庙会习俗中，嘉兴海宁的硖石灯会是浙江省海宁市每年元宵节都会举办的赏灯活动。元宵灯会时展出的彩灯造型各异、花色多样，有些彩灯上还有谜语。硖石灯彩最早起源于秦，盛于唐宋，南宋时被列为朝廷贡品。自南宋以来，硖石灯会以灯彩之针工精细、迎灯数量多而闻名江南，被誉为"江南第一灯会"。硖石灯会的迎灯、游灯活动历史久远，民间有"迎灯寄希望，张灯报平安"的习俗。每逢元宵，民间便会自发地组织各种绚丽多彩的灯会，到清代已形成了演灯、顺灯、斗灯的硖石灯会盛况。

娱神歌舞是民间祈求或感谢神灵时表演，也是庙会民间文艺活动的重要内容之一。海盐滚灯是浙江民间在节庆和灯会期间表演的一种竞技舞蹈，属于娱神歌舞的一种，起源于浙江省海盐县，并在当地长期流传，现为国家级非物质文化遗产。每逢元宵节，海盐民间都会进行滚灯表演。此舞蹈之起源与庙会（灯会）紧密相关。海盐古时庙会盛行，亦名赛会，旨在迎神献祭、驱瘟避疫、祈福免灾。县境内各寺庙均有因神佛诞辰而设的庙会，有的以镇为单位，有的则数村联合举办，会期通常持续2～3天。届时，众多香客齐聚，庙台上演绎神戏。海盐澉浦还有城隍出巡的习俗，历史悠久，热闹非凡；赛会期间，城隍庙更是昼夜演戏，人声鼎沸。庙会或赛会的祭祀活动结束后，便会举办灯会。在海盐地区，澉浦的灯会尤为引人注目。滚灯表演是灯会的重头戏，有的表演者在迎灯的同时展示武术，有的在广场上献艺，还有的高举大纛旗，以舞滚灯为迎灯队伍的先锋。澉浦的赛会规模盛大，持续时间长达 5 天。滚灯表演深受欢迎，既娱神，祈求平安；又娱人，为辛苦劳作一年的人们带来节日的愉悦心情。因此，舞滚灯逐渐成为人们喜爱的娱乐活动。

随着时代的发展，庙会也在不断创新和发展。各地在举办庙会时，注重将传统元素与现代元素相结合，推出具有时代特色的活动内容，如创意市集、民俗文化展览等，使庙会更加符合现代人的审美和需求。浙江庙会是具有鲜明集体性特征的文化活动，地域特色浓郁，具备文化传承、社会功能和创新发展等特点。通过参加庙会，人们可以更加深入地了解和体验传统文化的魅力；同时，庙会也可以促进地方经济的发展和社会进步。

2.4 集体性与社会角色阐释

2.4.1 浙江庙会的集体性

庙会是一种集体性的活动，其核心内容是信仰，通常由当地的社区或村庄组织，吸引了大量的参与者。集体性不单是庙会文化的特征，也是许多社会现象都具有的特征，而庙会的集体性特征尤为突出，如果没有集体性这一特征，庙会也就失去了它存在的意义与价值。

无论是古代庙会，还是现代庙会，都是以这种集体性特征形成其具体的文化内涵。例如，古时一些庙会在举办的时候，少则方圆数里的几个村庄的群众参加，多则周边城市，甚至更远地方的人亦风闻而至。像河南淮阳的太昊伏羲陵庙会，活动时间长达 1 个月，农历二月十五伏羲诞辰这天参加活动的人数可达到几十万人，不但有省内的群众，还有的来自河北、陕西、山西、安徽、江苏、山东、湖北等省。庙会的组织和筹备工作通常由当地的居民自愿参与，为活动的成功举行贡献自己的力量。在筹备过程中，居民协作共同完成各种任务，如搭建临时建筑、准备食物和商品、安排活动等。庙会的活动内容通常是集体性的，包括祭祀仪式、文艺表演、商贸活动等。这些活动通常需要多人协作才能完成，如舞蹈表演需要多人配合，商贸活动需要卖家和买家的交流和交易等。庙会的氛围也是集体性的，人们在这里交流、互动、分享情感和信息。庙会成为一个社交场所，人们在这里交流思想、分享经验、增进友谊，形成了一种集体认同感和归属感。

在唐宋时期，庙会中"行"的概念逐渐崭露头角，成为庙会行会的通用称呼。这一时期，行会主要由商人和手工业者组成，他们聚集在庙会中，展示和销售自己的产品，进行商业交流。这种组织形式与贵族阶层或宗教层面的专业祭祀形式形成了鲜明的对比，它更加贴近民众生活，具有更强的商业职能。从宋元时期，一直到明初，"行会"的商业贸易功能逐渐突显。作为一种更为紧密的组织形式，使得商人和手工业者之间的联系更加紧密，商业活动也更为频繁和活跃。到了明朝中叶之后，行会的称呼再次发生了变化，被称为会馆。这一时期的会馆具备了商业职能，并逐渐发展成为商人和手工业者进行社交、文化交流和政治活动的重要场所。随着时间的推移，会馆的称呼又演变为公所。公所作为一种更为完善的组织形式，进一步强化了商人和手工业者之间的联系和合作，使得商业活动更加规范和有序。同时，公所还承担了一定的社会管理和公共服务职能，为当地社会经济的发展做出了积极贡献。唐宋至明中叶，庙会中行会的称呼经历了从"行"到"团行"，再到"会馆"和"公所"的演变过程。这一过程中，行会组织形式不断完善和发展，商人和手工业者之间的联系和合作也日益紧密。这种组织形式的变化，不仅推动了商业活动的繁荣和发展，也丰富了庙会的内容，使得庙会成为了当时社会生活中不可或缺的重要组成部分。同时，行会的发展也体现了当时社会经济的进步和变革，为我们了解和研究庙会历史提供了宝贵的资料和参考。

再如，磐安的赶茶场活动充分展现了当地民众深厚的集体凝聚力和仁爱传统，这一点与当地村民对这一活动的重视息息相关。如同春节一般，赶茶场对村民而言具有重大的意义。在活动期间，古茶场洋溢着浓厚的节日氛围，村民们身着盛装，亲朋好友相互拜访，热闹非凡。参与民间传统艺术表演的演员与香客受到组织者的热情招待，而其他的游客则由邻近村民热情接待。这种不论地缘、血缘的热情好客，正是中华民族所珍视的传统美德。

赶茶场期间的特色活动，如迎花灯与迎大旗，均为村落的集体性活动，这要求表演者有极高的团队凝聚力和合作精神。迎大旗也称迎龙虎大旗，所用道具制作工艺精湛，旗头高达1.5米，旗杆长约33米，旗面巨大，有300平方米甚至更大，白底绸上绘有龙、虎、祥云、花鸟等丰富多彩的图案。竖起大旗需要80～100名壮汉的默契配合，稍有不慎就可能造成旗毁人伤。这种大型集体性活动不仅强化了成员间的信任感与默契度，也加深了群体内部的精神和情感纽带，传递了特定的价值观。这种文化凝聚力是村民之间地域认同和感情联络的基石，也是赶茶场活动能够持久不衰的内在动力。

2.4.2 庙会中的社会性别特性

社会性别，作为一个被学术界广泛采纳的概念，旨在区分于生理性别。社会性别强调性别的社会构建性，是从社会文化层面界定的性别；社会性别由社会文化环境塑造而成。七夕节，这一历史悠久的传统节日，在维护社会性别认同、稳固家庭结构等方面发挥着重要作用。在社会变迁的大背景下，七夕节的庆祝活动逐渐遭到冷遇，这背后的原因错综复杂，包括了传统的断裂、社会的转型、西方文化的冲击、女性地位的提升，以及民俗的自然演变等。

中国近2 000年的七夕节乞巧习俗，在确认社会性别方面扮演了关键角色。在传统的农业社会中，小农经济的自给自足特性决定了男耕女织的家庭作业模式。在男主外、女主内的社会伦理规范下，女性的社会角色被局限在家庭织作中，社会对她们的期待更多地集中在手艺技能（乞巧）和家务管理上。这种社会角色的实践过程，正是女性履行社会责任和规定义务的体现，同时也凸显了文化性别的意义，实现了社会性别的确认。值得注意的是，七夕节虽然主要是女孩或已婚妇女的节日，但仍有少量男孩参与。在农业社会中，男性能够读书求学，成为士人，若读书不成，则从事传统的家庭耕作。这种对男性的社会性别期望在七夕节的庆祝活动中也有所体现。例如，儿童裁诗、拜魁星、晒书等仪式活动，旨在强化男性读书求取功名的意识，通过这些活动，同样实现了对男性社会性别的确认。

在宋朝社会中，女性的思想和行为体现了一定程度的女性主义萌发。虽然宋代封建社会中，女性的社会地位相对较低，但女性主义的萌芽已经出现，除正史外，一些民间记载和文学作品中描写得比较详细，女性已经展现出对自身权益和价值的追求和反思。在宋朝，一些女性开始对自身地位和权益产生思考，并追求自我实现和自主性。她们认识到自己的潜力和才华，并渴望通过学习和创作来表达自己的思想和情感。一些作品虽不是女性写的，但是反映了中国古代女性的生活和精神面貌，如《碾玉观音》《张生彩鸾灯传》皆体现出女性独立自主的婚姻观，勇敢地追求爱情。一些宋代女性质疑传统的婚姻制度和家族观念，主张婚姻中的平等和尊重。她们批判婚姻中的压迫和束缚，并主张女性应该有自己的追求和独立的人格。

在宋朝的庙会中，如七夕节的戏曲和话本主题发生了变化，呈现出女性解放和女强男弱的趋势。如宋朝的话本小说《碾玉观音》，故事中女性强势、男性弱势的设定尤为突出。这种变化打破了唐代故事中男性主导、女性被动的观念，鼓励女性追求自我解放和追求爱情。尽管宋朝女性的社会角色主要是围绕家庭，但女性的社会参与感明显增强，已有女性积极参与公共事务和社会活动。一些宋朝女性不满足于传统的家庭角色，追求自己的事业发展。她们在经商、织造、医学等领域展示了自己的才华和能力，在追求女性主义的道路上不断探索。她们通过慈善事业、宗教活动等方式，争取自己的权益和社会地位，为社会做出贡献。

2.5　非物质文化遗产和现实生活的密切关联

乡土文化中的非遗文化，深刻反映了村民对乡土和地域的深厚情感认同，与现实生活紧密相连。以赶茶场为例，其活动内容涵盖了祭祀茶神、民俗艺术表演以及物资交流等多元功能，既满足了民众在宗教信仰方面的需求，又丰富了民众的文化娱乐生活，成为当地民众生活中不可或缺的重要组成部分。赶茶场已走过千年历史，它不仅见证了茶叶贸易的繁荣，也体现了对茶神的深厚崇拜。在这块古老的土地上，茶叶不仅仅是一种经济作物，更是一种文化的象征，一种生活的信仰。每当春季来临，茶农便纷纷涌入茶园，忙碌地采摘着嫩绿的茶叶，这一场景仿佛一幅生动的画卷，展现了人与自然和谐共生的美好画面。赶茶场不仅仅是一场繁忙的农事活动，更是一场文化的盛宴。在茶农忙碌的身影中，可以感受到他们对茶叶、对大自然的敬畏和感激之情。他们相信，茶叶是大自然赐予的礼物，是茶神的恩赐。因此，茶农每年都会举行盛大的祭祀活动，向茶神祈福，祈求茶叶的丰收和市场的繁荣。这些祭祀活动不仅是对传统文化的传承，更是对茶神信仰的坚守和尊重。随着时间的推移，赶茶场已经发展成为一种集茶叶贸易、民俗表演和旅游观光于一体的综合性活动。茶农通过赶茶场将自家的茶叶销售给各地的客商，同时也吸引了大量的游客前来观赏和体验。这种以茶叶贸易和民俗文化为基础的旅游开发模式，不仅促进了当地经济的发展，也为游客提供了一种全新的旅游体验。

在赶茶场的热闹氛围中，我们可以感受非遗文化的魅力和活力。这些传统文化活动并没有因为时代的变迁而消失，反而通过不断地创新和发展，成为当地民众生活的重要组成部分。这种传承让我们深刻认识到，非物质文化遗产的保护和发展离不开民众的自主选择和参与。只有当传统文化真正融入民众的生活，成为他们日常生活的一部分时，才能够真正得到传承和发展。

赶茶场作为非遗文化的一种生动体现，让我们看到了传统文化与现代生活的完美结合。这种与日常生活的紧密相连以及与传统文化的自然融合，构成了非遗文化传承的坚实基础。应继续加强对非遗文化的保护和传承工作，让这些宝贵的文化遗产能够在我们这一代人手中焕发出更加绚丽的光彩。同时，也应积极探索和创新非遗文化的传承方式和发展路径，让传统文化在现代社会中焕发新的生机和活力。只有这样，才能够让赶茶场这样的非遗文化活动得以长久传承，成为中华优秀传统文化的重要组成部分。

地域文化差异和历史发展进程中的文化变迁共同孕育了丰富多彩的非物质文化遗产。在永康市2023年的贺新年活动中，公众得以欣赏众多属于国家级非物质文化遗产的传统民间舞蹈，诸如十八蝴蝶、龙舞（奉化布龙）以及滚灯（海盐滚灯），以及浙江省级非物质文化遗产永康拱瑞手狮和市级非物质文化遗产永康打罗汉中的传统武术表演节目滚叉舞等。其中，滚叉舞这一舞蹈源自明代名将戚继光在浙东地区抗击倭寇时期兴起的民间习武活动，最初由男性表演。经当地文化部门和民间艺人的共同努力，滚叉舞现已演变为由女性主导表演，表演者被称为女子罗汉队。这一表演队伍主要由象珠镇荷沅村的妇女组成，并多次在方岩庙会等活动中亮相。随着时代的演进，滚叉舞的表演形式也发生了显著变化，从最初的4人表演发展到现在的20人表演，极大地丰富了舞蹈的队形和动作设计。在表演过程中，配合着慷慨激昂的音乐，表演者以叉为道具，完成击叉、抛叉、过腿、滚背等一系列高难度动作，充分展示了这一非物质文化遗产项目的独特魅力。

| 第3章 |
浙江庙会文化的历史遗存与当代呈现

　　传统庙会作为民族民间艺术的摇篮，其地位不容忽视。实际上，它是许多民族民间艺术得以生存和繁衍的文化土壤。因此，要维护这些艺术的生命力，首要任务便是保护它们的文化生态环境——传统庙会。庙会，作为我国传统社会中普通民众生活的重要组成部分，不仅是民间信仰的体现形式，更承载了地方传统文化的深厚内涵。它涵盖了节日庆典、艺术表演、宗教信仰、饮食文化、商贸交易、体育竞技、民俗传统以及人际交往等多个层面。为了推动庙会文化的传承与创新，需深入梳理其内在的多元文化现象，取其精华，去其糟粕，进一步挖掘其生态特性和文化价值。

　　传统庙会往往包含丰富的商业活动、文艺演出、人际交往和休闲娱乐等元素。在古代社会，庙会总是热闹非凡，歌舞杂技精彩纷呈，民间工艺精湛展现。这些共同构筑了庙会独特的吸引力。随着社会的飞速发展，庙会这一古老的文化形式和内容也在不断地调整与演变。在浙江地区，庙会焕发出新的生机与活力。当代庙会的发展，不仅是对传统文化的传承，更是对庙会价值的重新认识和提升。

　　浙江地区的庙会历史悠久，从古代的祭祀活动逐渐演变成为集信仰、娱乐、商贸于一体的综合性活动。近年来，随着人们生活水平的提高和对文化生活需求的增加，庙会活动在浙江地区逐渐兴盛。当代的庙会不仅保留了传统的元素，如舞龙舞狮、戏曲表演等，还融入了现代元素，如非物质文化遗产市集、手工艺品展示和艺人演绎中心等。这些创新使得庙会更具吸引力和活力，吸引了大量游客和市民的积极参与。本章将以浙江地区的部分庙会为例，探讨传统庙会的历史遗存与当代呈现，以期对非物质文化遗产的保护与传承工作提供有益的参考。

3.1　物质、经贸遗存

传统庙会具有显著的商业集聚效应，为举办地带来丰富的人流、物流、信息流和货币流等多元资源。凸显的商贸价值使庙会成为传统集市体系中不可或缺的一部分。在偏远乡村地区，庙会的重要性尤为突出。庙会期间，众多商家摊贩汇聚一堂，满足了老百姓的日常生活需求。随着乡村超市的逐渐增多，庙会商品的类型发生转变，从传统的农业生产资料和日常用品转向美食、工艺玩具、旅游纪念品以及游乐体验等多元化商品，吸引了大量旅游者成为庙会消费的主力军。

如旧时的吴山庙会，除了传统的烧香拜佛活动外，庙会还汇聚了算命、看相、测字等多样化的民俗活动。此外，还有字画售卖、庙台戏、卖唱小曲、变戏法、耍杂技、花卉交易、斗鸟比赛等丰富多样的文化娱乐活动。店家和小贩在寺庙四周和沿山路设立摊位，形成了一幅热闹非凡的庙会景象。人们纷纷前来赶庙会，享受其中的乐趣，并满载而归。特别值得一提的是，吴山脚下的清河坊历史街区一带，汇聚了胡庆余堂、孔凤春、张允升、方裕和、状元楼等知名店家，这些店铺在庙会期间生意兴隆，成为庙会的重要组成部分。与孤山的清雅幽静形成鲜明对比，吴山已成为民俗文化的集中展示地。吴山庙会是这个舞台上的一场盛大演出，吸引了众多市民和游客前来观赏和参与。在这个舞台上，无论是吃喝买卖的商户还是表演技艺的民间艺人，都是不可或缺的角色，他们与逛庙会的市民共同演绎充满民俗风情的生动场景。

3.1.1 饮食、手工等物质价值

饮食文化在庙会物质遗存中一直扮演着重要的角色。如嘉兴端午节习俗中，不仅有伍子胥祭祀、龙舟竞渡，吃的也很有讲究。自古以来，粽子多用于祭祀、祭神。由于将祭祀屈原纳入端午节的节俗活动中，粽子也从最初的家常食品演变为端午节食品，端午包粽子成了人们祭祀屈原的特别方式。随着端午节文化中屈原核心地位的确立，包粽子、吃粽子成了端午节的最佳节日习俗之一。端午节，嘉兴人的餐桌上面必有"五黄"：雄黄酒、黄瓜、黄鳝、黄鱼、咸鸭蛋黄。

再如嘉兴端午习俗中的"五白"，即白切肉、白蒜头、白斩鸡、白豆腐、茭白。端午食"五黄"与"五白"，可清热降火，健脾和胃。那么为何要在端午吃这"五黄""五白"？因为中医理论认为，端午节是在农历的五月初五，是一年中阳气最盛的时候，而中午又是一天中阳气最盛的时辰，若在这一时辰食"五黄"与"五白"，不但可祛五毒，还可借用端午的"纯阳"之力，达到抑制、祛除诸多霉运，增强自身的精、气、神、血及交旺运的目的。

端午节也是吃荔枝和枇杷的时节，这时候不管是去走亲访友，还是在家自己过节的，都会买点荔枝和枇杷来品尝。

在桐乡石门，端午节小孩要吃煨蛋。这一天，午时一到，各家在养蚕生火炭的瓦盆里放进干燥的蚕豆壳，点燃后，马上把一把蚊子草、蛤蟆草、菖蒲草盖在上面，让火熄灭而生烟。取一个青壳鸭蛋，在蛋的一头敲一个小小的孔，塞进一只蜘蛛，并把蛋孔封住，放入瓦盆中间煨烧。这就叫煨蛋。煨熟后，取出蛋内那只塞进的蜘蛛，蛋就可以给小孩吃了。据说，煨蛋可以驱毒，食后夏天不生痱子和疥疮。

此外，嘉兴端午习俗还要佩戴香囊。香囊又名香袋、花囊，也叫荷包。有的用五色丝线缠成，并在彩绸上绣制各种图案纹饰，如桃子、荷花、娃娃骑鱼、并蒂双莲等。香囊形状各异、大小不等，内装多种有着浓烈芳香气味的中草药研制的细末，如苍术、山奈、白芷、菖蒲、藿

香、佩兰、香附、薄荷、香橼、辛夷、艾叶，并加冰片，还可以适当加入苏和香、益智仁、高良姜、陈皮、零陵香等药材，以此提神。如今也有用香料的，更适合现代人的多元化需要。

在浙江，庙会作为一种经济活动的载体，历史悠久。每逢节日庆典，商家生意兴隆。据张岱所记，明代西湖香市时，昭庆寺周边集市繁华景象可见一斑，商铺摊位连绵不断，商品琳琅满目，这种现象在今天的浙江庙会中仍可见到。据杭嘉湖一带的老人回忆，旧时庙会尤以清明前后最为热闹，农民纷纷前来购买生产资料和生活用品，以备农忙之需。而在农忙时节，庙会则明显减少，反映出当时人们的生活智慧。在杭州商界，有句俗语叫"三冬靠一春"，意指庙会为商家带来巨大商机。

3.1.2　庙会的经贸价值

庙会活动一定是依托地域而存在的，地域传统文化与节会文化并不是独立的两部分。因为节会的产生、存在和发展就是依托地域传统文化而来的，是通过发展地域传统文化而衍生出来的产物。两者历经长时间的发展而建立了一个相互支撑的关系。庙会的作用可以分为很多个层面。在政治方面，庙会活动能够提高地方凝聚力和认同感，从而维护了地方的和谐安定。也就是在庙会活动中，人们出于同一目标和信念，被凝聚到了一起，并且很自然地形成一种为了共同目标而奋斗的集体凝聚力，如此社会各行各业的人都相互协作。在社会经济方面，庙会的开展可以进一步推动社会经济，对各个地方的商品交换产生了极大的作用；同时庙会活动又可以促进地方间的经济交流，承担起物资交流大会的重任。在文化方面，庙会既是许多民俗文化的重要载体，又是民间艺术的主要产生地和孵化器。如在庙会上可以看到的曲艺、杂耍、手工艺品等民间艺术，能借助庙会这一渠道大放异彩。如果没有了庙会的这种依托，尽管这些艺术和民俗文化仍然有继续存在下去的可能，但很难得到如庙会这样大规模的集中展示和发展的机会。

以吴山庙会为例，旧时的庙会有字画摊、庙台戏、曲艺杂技、花鸟鱼市场，以及各类店家小贩设摊卖物，一派闻风而至、满载而归的生动场景。吴山北麓坐落着清末由胡雪岩于1874年创立的"江南药王"——杭州胡庆余堂。古朴幽雅的建筑群、悠久的历史沉淀，蕴藏着丰富独特的中药文化内涵，代表着中国传统商业文化之精华。除此之外，孔凤春、张允升、方裕和、状元楼等名店，万承志堂、震元堂等老字号中医馆，也都在这一带。如今的吴山庙会繁华且底蕴深厚，周边簇拥着吴山文化公园、吴山花鸟城、浙江吴越古陶瓷博物馆、售卖古装、苏绣、手工艺品的杭州匠心市集，还有老字号王星记、天堂伞、张小泉、知味观、王润兴的身影。各色商户、市民与表演技艺的民间艺人共同组成了吴山民俗荟萃的大舞台，与孤山的清雅幽静相映成趣，共同演绎具有杭州民俗风情的生动场景。图3.1是以吴山庙会为例的庙会文化内容展示。

吴山庙会文化背景下的各项活动，极大地推动了杭州的城建、通信、绿化等基础设施的建设，同时美化了城市的环境，也极大地促进了市民、游客、商家的交流与互动，同时促进各地方区域商品的交换，成为物资交流大会的重要载体，与此同时，民族民间艺术也由此滋生孵化并不断地发扬壮大，从而让城市整体的经济水平和文化水平都有了一定程度的提高。

3.2 非物质文化遗存

传统庙会是民俗文化的重要组成部分，传统庙会至今保留着许多古老习俗，如杭州东岳庙会赛会时主要"会货"（庙会上的各种文艺表演和各种珍宝奇艺的展示）有乐队、舞龙、舞狮、高跷、抬阁、调无常、舞判官，还有舞刀弄枪等武艺杂耍。紧跟杂耍队伍的还有着提香炉的提炉队和端着神器的迎神队，最后是护驾侍卫蜂拥着的神轿。轿中端坐全身金装的"东岳大帝"。杭州的传统庙会蕴含着丰富多彩的民间艺术资源，具有浓郁的地方特色，多种类型的民间杂耍、地方戏曲、皮影木偶、年画剪纸、刺绣蜡染、竹编草编、泥人花鸟等，无不体现着江南风

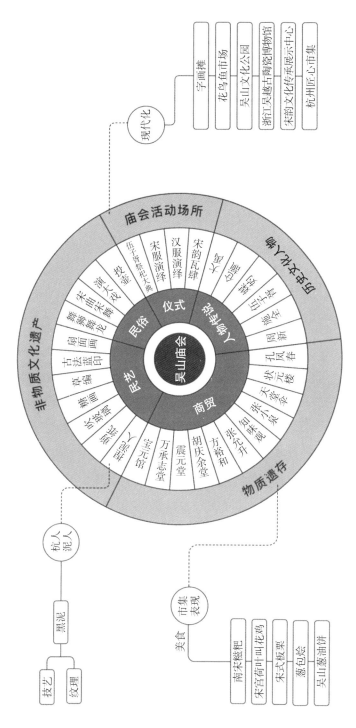

图3.1 吴山庙会文化内容示意图

土人情和特色风貌。每年的吴山庙会还会有蓝印、铜饰、宋韵汉服等非物质文化遗产项目展演，还有吹糖人、捏泥人、剪人影等民间高人的精湛技艺展示，让市民充分感受杭州民间文化艺术的魅力。

3.2.1 传统民俗文化活动

早在南宋时代，浙江的庙会就已形成了这样一种传统。

宋代笔记小说《梦粱录》有记载："每遇神圣诞日，诸行市户，俱有社会迎献不一。如府第内官，以马为社。七宝行献七宝玩具为社。又有锦体社、台阁社、穷富赌钱社、遏云社、女童清音社、苏家巷傀儡社、青果行献时果社、东西马塍献异松怪桧奇花社。"

周密《武林旧事》卷三中有记载："二月八日为桐川张王生辰，霍山行宫朝拜极盛，百戏竞集，如绯绿社（杂剧）、齐云社（蹴球）、遏云社（唱赚）、同文社（耍词）、角抵社（相扑）、清音社（清乐）、锦标社（射弩）、锦体社（花绣）、英略社（使棒）、雄辩社（小说）、翠锦社（行院）、绘革社（影戏）……"

当年这些活动的细节，还有待进一步考证，不过我们可以肯定，在南宋都城临安的庙会上，民族民间艺术的展示已经达到了相当高的水平。古时候，吴山庙会除烧香拜佛以外，山上山下还分布着占卜、看相、测字摊等。此外，还有卖字画、唱庙台戏、卖唱小曲、变戏法、耍杂技、卖花、斗鸟等的商户、摊贩，在寺庙四周和沿山路设摊卖物，也因此人们赶庙会常常都是闻风而去、满载而归。吴山是民俗文化相融交汇的大舞台，而吴山庙会就是在这个天地舞台上演的一场大戏。每一个逛庙会的人，和吆喝买卖的各路商人、表演技艺的民间艺人们一起，都成为这个大舞台中的一个角色。他们不仅仅是观赏者，同时还是参与者，一起构成吴山民俗风情的生动场景。

再如，半山立夏习俗是杭州半山地区民众世代传承的在立夏节气前后举行的系列送春迎夏民俗活动。立夏是二十四节气之一，代表夏季的开始。半山立夏习俗传承地现为半山街道，位于杭州市拱墅区北部的皋亭山脉，距市中心约 10 千米，因境内的半山而得名。这里位于大运河南端、水陆交通便利。旧时，当地民众多种稻、养蚕，自给自足。半山地区是典型的江南农耕文化聚集区。

半山立夏习俗是一项综合性民俗活动，集信俗、社交、游艺、节令饮食与集市活动于一体。它不仅反映了春夏交替之际当地民众的生活与社会文化的发展，更是传统知识与地方文化在丰富多样的民俗活动与相关仪式中得以传承的重要载体。长期以来，半山民间延续着鼓乐送春与迎夏祈福的传统习俗。立夏当天，在半山山头，会旗手高举"五毒"图案的大纛旗作为先导，持灯者手持燃着香烛的灯笼，行进过程中，锣鼓喧天，旗帜飘扬，香灯袅袅，声势浩大，吸引游客围观。这一传统习俗寓意着驱除晦气和蛇虫毒物，祈求家人平安健康。如今，半山立夏习俗在继承、重现鼓乐送春的迎夏祈福的古礼仪式的同时，还创新地将立夏跑山、半山运动嘉年华、定向赛等现代生活元素融入传统节日之中，使传统习俗与现代生活紧密相连，成为各年龄段人群热烈追捧的节日庆典。

半山立夏习俗活动丰富多样。在节令信俗仪式方面，有蚕花会、立夏祭祖、娘娘诞庙会以及鼓乐送春与迎夏祈福仪式等，这些活动承载着深厚的民间信仰和文化传统。在商贸活动方面，江南农桑产品交易集市为游客提供了一个购买地道农产品的平台。节令游艺习俗同样精彩，包括"称人"（即称重）、烧野米饭、绘泥猫、跑山等，这些游艺活动既富有趣味性，又体现了民间智慧和创造力。此外，节令饮食也是不可或缺的一部分，如乌米饭、蚕豆、健脚笋、立夏饼、七家茶等，这些美食不仅美味可口，还寓意着丰收和吉祥。

特别值得一提的是，半山立夏节设有的吃乌米饭、称重、采摘蚕豆、烧野米饭等多项民俗活动，让游客有机会亲身体验并深入了解这些古老的传统。其中，称重作为立夏节的特色节目之一，更是充满了讲究和寓意。在称重时，秤砣只能向外移，寓意着只增重不减轻，而遇到斤数为九时，还需额外加上一斤，以避免不吉利的"尽头数"。据说，在立夏称重还能带来福气，使人们在炎炎夏日中保持健康，不受暑热侵扰。

蚕豆采摘与烧野米饭是孩子们专属的传统习俗。在立夏这一日，孩子们结伴而行，礼貌地向邻里各家乞求米和肉。半山上的蚕豆与竹笋，任由他们自由采摘。随后，他们会在野外用石头搭建临时的锅灶，自己动手烹饪并享用美食。此外，立夏之日，半山一带的许多家庭会忙于制作乌米饭。这种特色美食是由一种名为乌饭叶的野生灌木叶子浸泡出的汁液与米饭共同煮制而成。据信，在立夏这一天食用乌米饭，不仅有助于预防中暑，还能有效避免蚊虫叮咬，确保整个夏季的安康。

3.2.2 传统民俗文化产物

1. 半山泥猫

半山泥猫作为半山立夏习俗的产物深受人们的喜爱，被誉为"中国招财猫"。杭州泥塑的历史可以追溯到遥远的明代。据明代田汝成编撰的《西湖游览志余》记载，当时的临安风俗中，游湖的人们竞相购买泥塑玩具，如泥孩、莺歌、花湖船等，带回家中送给邻里，称为湖上土宜。这种习俗一直延续至今，成为杭州独特的民俗文化。在杭州，有一个广为人知的地方叫孩儿巷。这个名字源于南宋时期，当时这里的泥塑制作技艺非常发达，人们纷纷聚集于此制作泥娃娃。久而久之，这条巷子便以孩儿巷命名，寓意着这里充满了孩子们的欢声笑语。而在杭州的众多泥塑中，半山泥猫更是备受瞩目。半山泥猫造型独特，寓意深刻，深受人们的喜爱。很久以前，杭州的每家每户都会去半山娘娘庙买只泥猫回家，相信它能消灾祛邪，带来好运。特别是半山及附近地区的蚕农，每逢桑蚕季节，他们更是要前往娘娘庙购买泥猫。相传，泥猫是天上的蚕花娘娘所养，能够震慑老鼠，使其不咬蚕种和蚕花，保护蚕种和蚕茧不受侵害。古时半山一带，蚕农众多，他们依靠运河的便利运输，将蚕丝运往各地。为了保护蚕丝和粮食不受老鼠侵扰，蚕农们便留存下了泥猫这一独特的民俗产物。半山泥猫不仅具有实用价值，更是杭州民间艺术的一抹亮色。半山泥猫的出现，丰富了半山地区的桑蚕文化，不仅体现了古代人们对美好生活的向往和追求，也展示了他们在生活中所蕴含的聪明才智和创造力。半山泥猫习俗被列为浙江省省级非物质文化遗产。

半山泥猫的独特之处在于其精湛的制作工艺和深刻的文化寓意。制作半山泥猫的过程非常精细，包括和泥、塑形、模具制作、入模、出模、修胚、打磨、焙干、上白粉、线描、上彩、上清漆等12道工序。每一步都需要匠人精心制作，才能打造出形态各异、栩栩如生的泥猫。有着不同造型和颜色的泥猫寓意着吉祥、富贵和幸福，深受人们的喜爱。半山泥猫习俗还承载着丰富的文化内涵。它不仅是杭州民俗文化的代表，更反映了中国古代半山地区的农耕文化。通过半山泥猫习俗，我们可以一窥古代人们的生活方式、信仰和审美观念，感受到他们对美好生活的向往和追求。半山泥猫（见图3.2）作为杭州独特的民俗产物，不仅具有深厚的历史文化底蕴，还展示了古代人们的智慧和创造力。

图3.2 半山泥猫

2. 七夕"磨喝乐"

七夕节（石塘七夕习俗），这一源自浙江省温岭石塘的传统民俗，被认定为国家级非物质文化遗产。追溯其历史，宋代的石塘七夕节可谓盛况空前，活动丰富多样，白天与夜晚各有4种活动。白天，晒书节是一个重点，三省六部均设宴举行晒书会。此外，京城内设有专门的乞巧市，销售各种乞巧物品，盛况空前，与现今的购物狂欢节颇为相似。同时，执荷叶与儿童穿新衣也是白天的传统活动。夜幕降临，人们则开始结彩楼，亦称乞巧楼，并进行祭祀乞巧活动（见图3.3），包括穿针比巧，以及摆设磨喝乐、花瓜、酒炙等物品，另有儿童作诗、女郎献艺等环节。此外，还有穿针乞巧和喜蛛应巧的传统游戏。值得一提的是，小儿还会供奉笔墨纸砚给牵牛星，并祈求聪明智慧。

图3.3　宋代乞巧节"穿针比巧"与"磨喝乐"

（图片来源：辽宁美术出版社《古代风俗百图》）

节日期间，商品也十分丰富。例如，煎饼用于供奉牛郎织女并作为食品；摩睺罗饭则是当时开封著名饭店张手美家所制的七夕特色食品，深受欢迎；磨喝乐（又称摩诃乐、摩睺罗或魔合罗等）则是一种流行于七夕的泥娃娃，制作精美、形象逼真，配备迷你服装，并随着节日的兴盛，装饰愈发华丽，常饰以金玉珠宝。其主要功能是供儿童玩耍和妇女祈求生子。据专家考证，石塘七夕习俗的起源可以追溯到北宋时期的七夕习俗，包括拜双星、乞巧以及玩磨喝乐等。这一传统民俗历经千年，至今仍然流传于温岭市，成为当地独特的文化遗产。

石塘七夕习俗中的"磨喝乐"是宋代的节令性泥玩具之一，其历史可追溯到唐五代时期，并在宋代达到了流行的高峰，一直流传至元明时期。宋元时期，民间流传着这样一句俗语："捏塑彩画一团泥、妆点金珠配华衣。小儿把玩得笑乐、少妇供养盼良嗣。"这句俗语说的便是磨喝乐，而后一句则揭示了它的功能。在七夕时节，磨喝乐不仅是已婚女子供奉的吉祥之物，同时也是深受儿童喜爱的玩具。作为中国各大博物馆的常见古代展品，磨喝乐展现了丰富的材质多样性，包括泥质、陶质、木质、玉质、金质等。其艺术形象普遍以童子为表现主体，尤其是童子执莲的形象更是深入人心。

磨喝乐在七夕期间大量地出现在市场上。据宋代金盈写的《醉翁谈录》中有记载："京师是日（乞巧节）多博泥孩儿，端正细腻，京语谓之'摩睺罗'。小大甚不一，价亦不廉。或加饰以男女衣服，有及于华奢者，南人目为巧儿。"这些泥孩儿大小各异，价格不菲。人们还会为它们穿上华丽的男女服饰，南方人称为"巧儿"。南宋，民间磨喝乐产业发展非常繁荣。吴自牧《梦粱录》"七夕篇"："市井儿童手执新荷叶，效'摩睺罗'之状。此东都流传，至今不改，不知出何文记也。"同样，《西湖老人繁胜录》中也有描述："御街扑卖'摩睺罗'，多着乾红背心、系青纱裙儿。亦有着背儿、戴帽儿者。牛郎织女，扑卖盈市，卖荷叶伞儿，家家少女巧饮酒。"此文记载的是南宋都城的七夕景象，由此看出南宋的磨喝乐造型变得更加具体、多种多样。与早期泥孩儿不同的是，南宋磨喝乐更多是穿戴着不同衣服形象的小孩子，既有普通孩童造型，也有手持荷叶的，且出现上了釉的宋代红绿彩瓷人形象，与北宋的单色泥人磨喝乐有所区别。

它们多穿着红色背心，系着青纱裙，有的还背着背包、戴着帽子。明代田汝成所著的《西湖游览志》也记载了宋时杭州七夕节磨喝乐的情况："七夕，市中以土木雕塑孩儿，衣以彩服，号为'摩睺罗'。"从这些历史记载中，我们可以了解到宋代的磨喝乐是以土木材料制作而成，其身材、手足、面目、毛发都栩栩如生，并且配有精美的迷你服装。此外，磨喝乐在当时还有固定的造型，特征为男女童子手执莲花、莲叶。

磨喝乐被塑造为儿童形象，其背后蕴含了多重因素。在宋代七夕节，磨喝乐的流行不仅与其发音相关，更和其与佛教文化的特殊渊源有关。具体而言，磨喝乐原是梵文"摩睺罗"的讹音，典出佛经中的天神"摩睺罗迦"。这些元素共同构成了磨喝乐独特的文化内涵。

从历史发展的角度看，喝乐作为一种陶泥玩偶，自唐代开始逐渐发展，至宋代达到了流行的鼎盛阶段，但随后逐渐衰落。磨喝乐的形象与佛教文化有着深厚的渊源，尽管其来源说法众多，但核心观念都绕不开掌管婚姻、生育和生长的神灵。经过历代的艺术演变，南宋时期磨喝乐的形象逐渐固定并统一，成为民间百姓更为喜爱的艺术品。从求子祈福用品逐渐发展为民间娱乐用品，这一转变体现了其社会功能的多样化。

从造型演变的过程看，磨喝乐形态的转化经历了几个阶段。早期造型多样，后来大面积流行的磨喝乐都呈孩童形象，尤其是手持莲叶的孩童形象。北宋磨喝乐呈小泥人状。孟元老《东京梦华录》卷八"七夕"中记载："七夕前三五日，车马盈市，罗绮满街，旋折未开荷花，都人善假做双头莲，取玩一时，提携而归，路人往往嗟爱。又小儿须买新荷叶执之，盖效颦磨喝乐。儿童辈特地新妆，竞夸鲜丽。至初六日、七日晚，贵家多结彩楼于庭，谓之'乞巧楼'。铺陈磨喝乐、花瓜、酒炙、笔砚、针线，或儿童裁诗，女郎呈巧，焚香列拜，谓之'乞巧'。"从此文看，北宋磨喝乐普遍呈单色小泥人、孩童状，手上未持莲叶。

从形态转变的时间动因上看，南北朝时期，磨喝乐已被用于农历七月十五中元节的祭祀活动。在唐朝，除了中元节在寺庙中被供奉外，七夕节时人们也会将蜡制的磨喝乐放入水中，表达"祈子"的美好愿景。到南宋，使用时间进一步扩展，元宵节也有了磨喝乐，成为男女送礼的物品之一。此时的磨喝乐造型相比原祭祀用品，要少些庄严，多些美观和精巧，故南宋的磨喝乐，一改泥人外观，有了釉彩，且形态也较为可爱（见图3.4）。此外，磨喝乐在南宋也是常见的孩童玩具，易于清

图3.4　南宋红绿彩磨喝乐

（图片来源：河北邯郸峰峰矿区崔仙奴墓出土文物）

洁也是其上釉彩的一个原因。

　　从形态转变的功能动因上看，南北朝和唐代，磨喝乐具有宗教供奉和民间祈福的功能。宋代，磨喝乐的宗教色彩逐渐减弱，逐渐成为全民娱乐玩具；磨喝乐除了手握祭祀、观赏摆件、儿童把玩的功能之外，还发展成能动的玩具，以锻炼小孩子动手能力。据明《姑苏志》载，宋人"善塑'化生摩睺罗'……，其衣襞脑囟，按之蠕动。"可想这磨喝乐的内部配有机械装置。磨喝乐的造型和材料的转变是配合其功能转变的，帮助其从宗教用具发展成日常生活用品，从贵族阶层走向百姓阶层，功能和玩法的多样性发展最终使其传播路径得到了扩展，成为一个流行物品，便于传播其暗含的思想。

　　除此之外，还有商业动因等因素影响了磨喝乐的发展。

　　通过深入研究，可以发现磨喝乐的形象、规格、材料、玩法以及销售方式的演变，都隐含了统治者对于人口增长的期望。在宋代人口锐减的历史背景下，对磨喝乐形态变迁背后的社会意义、作用机制以及传播路径的研究，不仅具有学术价值，更能丰富相关的文化内涵。

3.2.3　传统民俗技艺

　　庙会承载了丰富的民间艺术和技艺。在庙会上，人们可以欣赏到多种传统民俗技艺的表演和展示，这些技艺不仅具有娱乐性，还体现了中华民族的文化传统和智慧。例如，庙会上常见的各类戏曲表演，展示了各地戏曲艺术的魅力；民间舞蹈如扇子舞、秧歌舞、龙舞等，精彩纷呈、各有千秋；还有吴山庙会等习俗活动中的糖画、面塑、剪纸等也都具有很高的艺术价值。除了上述几种技艺外，庙会上还有很多其他的传统民俗技艺表演和展示，如皮影戏、木偶戏、刺绣等，都是中华民族文化的重要组成部分，通过庙会这一平台得以展示和传承。

其中，国家级非物质文化遗产——畲族彩带编织技艺，便是一颗耀眼的活化石，民间俗称织花带。畲族三月三民俗庆典上，景宁畲乡各族男女老少都穿上节日的盛装，以歌传情、以歌会友，各种祭祀活动、民俗表演、山歌对唱等此起彼伏，共同抒发了人们对美好生活的向往和热爱。畲族彩带编织技艺是畲族妇女长期生产、生活实践的精华，具有群众性，世代相传。畲族彩带编制技艺自唐朝迁入浙江景宁后，一直传承至今。畲族彩带起初为畲民所用的腰带、拦腰带、背带等生活实用品，后被用作畲族传统服装的装饰以及畲家姑娘的定情信物。彩带的用途较广，既可当裤带、腰带、背带、刀鞘带等实用品，也是人们喜爱的藏品。它既是装饰物，更是定情信物和吉祥物，对于研究畲族民族历史文化、社会结构及道德观念具有重要价值。彩带除了实用价值外，还承载着远古时代畲族先民的祈福讯号，是一种活着的文物。由于畲族只有自己的语言没有自己民族的文字系统，因此彩带的花纹通常用代表不同含义的"意符文字"构成，并一直延续至今，被称为代表畲族民族文化的活化石，成为畲族古代历史文化的重要见证，具有较高的研究价值。畲族彩带有经纬线，一般纬线用白色，经线则有多种颜色；通常有蝴蝶花、水竹花、铜钱花和字花等图案（见图3.5）。

每年的畲族三月三节庆活动，

图3.5 景宁畲族彩带编织

（图片来源：中国畲族博物馆）

畲族的非物质文化遗产项目（技艺）均有展示。2021年，景宁县的畲族彩带编织技艺成功上榜，成为继畲族三月三、畲族民歌、畲族婚俗后的第4项景宁地区国家级非物质文化遗产项目。

在畲族，织花带曾经是每个女孩出嫁前必学的功课，用来装饰她们的嫁妆、衣服，或者作为背婴儿的背带使用。如今会织带的人越来越少了，对织带的需求也在下降。由于织造方法复杂，尚不能使机器代替手工作业，畲族织带正面临消亡危机。景宁有关机构在这项传承保护工作上将之与文旅产业融合，借助每年畲族三月三节庆活动，扩大畲族彩带影响力。如今，畲族银饰、畲族彩带已成浙江省优秀旅游商品之一，畲族婚嫁、畲族舞蹈等表演项目则在景区上演，畲族彩带编织研学工作坊等项目也向游客打开了大门。2019年，畲族民歌、畲族彩带编织技艺、畲族舞蹈还作为浙江省非物质文化遗产的精彩项目亮相澳门，推进了景宁非物质文化遗产项目的基因解码工作。

3.3　文旅传承

3.3.1　民族传统文化与工艺价值

在庙会中，服饰工艺品往往与各种装饰品一同出现，如发髻配饰等，它们共同营造了一种喜庆、祥和的氛围。这些装饰品不仅具有审美价值，更在细节处展现匠人的精湛技艺和深厚的文化底蕴。它们画龙点睛，为庙会增色不少，也使得人们的生活更加多姿多彩。随着时代的发展，庙会的形式也在不断变化。当代的庙会多以文化经贸型为主，它们不仅是传统的民间活动的延续，而且是地方经济和民俗、文化资源的重要展示平台。在这些庙会上，人们可以参与多种商贸活动，还能欣赏电子游戏和体育活动、戏曲表演、电影放映、曲艺杂技等。这些活动不仅丰富了人们的文化生活，也促进了地方经济的发展。

以吴山庙会为例，这个历史悠久的庙会吸引了无数游客和市民的参与。从大年初一开始，吴山庙会便进入了高潮期。在这里，人们可以品尝到各种特色小吃，如吴山酥油饼、棉花糖、麦芽糖等，还可以欣赏到各种带有吉祥寓意的手工艺品。这些吉祥物如长命锁、富贵锁、万寿羊、吉祥彩线等，以及用果核雕刻成的吉祥动物、花卉等，都寄托了人们对美好生活的祈愿和祝福。

值得注意的是，这些吉祥物的材质和纹饰都体现了深厚的民族文化底蕴。无论是金、银、珠、玉等质地名贵的吉祥物，还是竹、木、丝等质地普通的吉祥物，它们都承载着人们对美好生活的向往和追求。在吉祥物的纹饰图案上，人们可以看到云纹、水纹、花纹、藤纹、寿字纹和福字纹等纹样，这些纹样不仅具有美学价值，更寄托了人们对生命、自然和社会的敬畏和感恩之情。服饰工艺品在民间庙会中的呈现是一种独特的文化现象。它们以精美的绣工和寓意深远的图案展现了民间艺术的魅力和深厚的文化底蕴。同时，当代的庙会也以其多样化的活动形式和内容促进了地方经济的发展和文化的传承。在未来的发展中，应该继续保护和传承这些传统文化资源，让它们在新的时代背景下焕发更加璀璨的光彩。

庙会文化的经济特色在庙会商业文化中有直接体现。商品文化作为商业文化中最基本、最普遍的形式，承载着商品生产者、经营者和消费者的一系列文化观念，并与当时的审美情趣、价值观念、民族精神和科学技艺紧密相关。这些文化元素通过商品的不断流通，促进了不同地域间文化的交流与融合，形成了符合时代特色、更具持久力的庙会商品。中国传统庙会的商品题材凝聚了千年文化，独特的文化内涵和艺术造型深受大众喜爱。例如，老寿星、万家福等商品有着长寿、吉祥的祈福寓意，瓷器、扇子等则有中国式古典的民俗艺术气息。中国的丝绸、酒、茶等商品以民族特色和传统制作工艺征服海内外市场，深受人们的喜爱。

中国的茶文化历史悠久。以茶论道，禅茶一味，体现了中国禅茶文化的精神品格，丰富并提升了中国茶文化的内涵，具有学术研究价值。径山茶宴仪式丰富严谨，包含10多道程序，以茶参禅问道为核心，体现禅院清规与礼仪、茶艺的结合，风格高古清雅。径山茶宴作为中国传统茶文化中的一种独特形式，不仅是一场品味香茗的盛宴，更是一次心灵的洗礼。径山茶宴在仪式活动中展现了丰富而严谨的茶道程序和仪式礼仪规范；其背后的文化底蕴和精神内涵，使径山茶宴成为禅茶的典范。径山茶宴是日本茶道的渊源，对中日文化交流起到桥梁和纽带作用。径山茶宴对于近代茶话会礼仪的形成，对杭州地区民间饮茶礼仪习俗的存续都有重要影响，民俗学价值突出。

径山茶宴从张茶榜这一环节开始，宣告了茶宴的正式开启。随后，击茶鼓的声音响彻云霄，仿佛在召唤着每一位宾客的心灵。恭请入堂，是对宾客的尊重和欢迎，同时也体现了主人的热情和好客。上香礼佛，是表达对佛祖的敬意和祈求，为茶宴增添了神圣和庄重的氛围。煎汤点茶、行盏分茶是径山茶宴中最为核心的环节。茶艺师以精湛的手艺，煎煮出香气扑鼻的茶汤，再依次倒入盏中，分享给每一位宾客。这一过程不仅考验着茶艺师的手艺，更体现了其对茶道的敬畏和热爱。在茶宴中，宾主或师徒之间通过"参话头"的形式进行问答交谈，机锋偈语频出，禅机慧光叠现。说偈吃茶这种交流方式不仅增进了彼此之间的了解和友谊，更让人们在品茗的过程中，感受到禅意的深远和博大。以茶参禅问道，是径山茶宴的精髓和核心。茶，作为一种媒介，将禅意与茶道紧密地结合在一起，使人们在品味香茗的同时，也能够感受到禅宗的智慧和境界。径山茶宴堂设古雅，程序技艺精湛，主躬客庄，礼仪备至，依时如法，和洽圆融，蕴涵丰富。因此，径山茶宴传承和弘扬了中国传统文化中的茶道精神和禅宗智慧，让更多的人能够领略到中国传统文化的博大精深。

还有精美的刺绣、扎染等工艺品也都在世界服装市场上展现出卓越的风采。庙会商业建筑和装饰等文化艺术形式则体现了浓郁古朴的文化氛围，值得我们深入研究和借鉴。庙会文化中的宗教文化和民族文化丰富了商业文化的内涵，而商业文化则更直接地体现这两种文化所蕴含的经济特色。三者的相互融合共同构成了庙会的文化和经济内涵。发挥庙会文化的积极作用，有利于保护民间文化遗产，有利于弘扬民族传统文化，也有利于发展经济贸易，有利于满足人民群众多方面的需要。

3.3.2 传统节日文化价值

自现代社会转型以来，中国传统民俗节日的衰落已成为不争的事实。当今，越来越多关注民俗文化的学者纷纷就民俗节日的保护问题展开研讨，使得民俗节日的复兴和传统民俗文化的保护成为学界与民众关注的焦点。部分传统民俗节日也存在一定的局限性，使得它们在走向衰落。然而，这并不意味着我们对此现象无法作为或无须作为。传统节日文化是一个民族的历史积淀，尽管某些节日存在局限性，但它仍是民族凝聚力和民族精神不可或缺的一部分。我们应改造其中的局限性，在文化多元化和中西文化交流的背景下，推动中国传统文化复兴。

1. 挖掘传统文化内涵，创造当代价值

石塘七夕习俗，是流行于浙江省温岭市的传统民俗，国家级非物质文化遗产项目之一。石塘先民于300多年前从闽南迁入，此习俗随之落地生根，因当地地理位置相对封闭，该习俗300多年来仍被民众完好保留，至今仍生动鲜活。

七夕节又称七巧节、七姐节、女儿节、乞巧节、七娘会、七夕祭、巧夕等，是中国民间的传统节日。七夕节（石塘七夕习俗）由星宿崇拜演化而来，为传统意义上的七姐诞，因拜祭"七姐"活动在七月七晚上举行，故名"七夕"。拜七姐，祈福许愿、乞求巧艺、坐看牛郎/织女星、儿童祈福、玩磨喝乐等，都属于石塘七夕习俗。七夕节被赋予了牛郎织女的美丽爱情传说，成为象征爱情的节日，是中华传统节日中最感性、最具浪漫色彩的一个节日。与其他节日文化内涵中的热烈宏大或慎终追远不同，七夕节的文化底色是含蓄而浪漫的。在传统七夕文化中，女子乞巧赛巧，男子晒书曝衣，各享其乐。在当代更是产生了"中国情

人节"的文化含义，在中国被认为是最具浪漫色彩的节日。

在新时代发展和现代社会转型的背景下，石塘七夕习俗的主题亦顺应历史潮流而随之发生变迁。传统的七夕乞巧与乞子习俗已不再适应现代社会的发展模式，正逐渐淡出公众视线。相较而言，源于牛郎织女传说的爱情主题却在当今各地的七夕节中独领风骚，已然成为该节日的重要标志。由于爱情主题的共通性，中国传统节日七夕节的节日文化内涵逐渐与西方情人节趋于相近。不过，浙江石塘地区民众对石塘七夕习俗中的传统底蕴仍抱有坚定信念，致力于推动石塘七夕习俗在各个领域的创新与发展。

石塘七夕习俗跟其他七夕庙会（习俗）相比具有浓厚的文化特性与地域风情，体现在如下几方面：① 祈愿内容的独特性，专为祈愿儿童健康成长；② 主祭性别的独特性，主祭者一般为女性长辈；③ 该节将七夕的织女信仰与祭祀、摩喉罗的信仰与玩偶、求吉祥与民间扎制工艺完美地糅合在一起，主祭品必需的彩亭、彩轿和糖龟等物，成为研究民间节日文化传承演变的活化石；④ 该节与台南、高雄等地供奉织女七娘妈彩亭习俗一脉相连，具有明显的闽南文化特性，而闽南与台湾部分地方依然保留着类似的习俗，因此石塘七夕习俗成为闽台同根文化的有力佐证，这对于加强海峡两岸文化认同与交流有着重要意义，同时亦有民俗学成年礼研究的活化石价值。

石塘七夕习俗作为传统民俗节日的一个典范，承载着深厚的民俗文化底蕴。但到了现代，尤其是当前社会，该节的民俗活动陷入了创新发展的困境。

传统的七夕节文化蕴含着丰富的意义，尽管其中部分内容反映了男尊女卑的观念，但它同样具有很多积极的元素，例如维护家庭稳定的功能，以及强调爱情永恒的主题。国内部分民俗学者将其誉为中国的情人节。当前，我们需要摒弃其中不符合时代发展的男尊女卑观念，而着重弘扬其永恒的爱情主题，将其核心信息定为恒久之爱，这与我国牛郎织女传说的本源相契合，也符合中国传统价值观。此外，通过改造诸如穿针比巧、蜘蛛乞巧等活动形式，以体现中国特色的节日礼物互赠，如女子送男子情人结或荷包等（情人结代表有情人之间永结连理、永结同心，荷包则是古代女子送给男子的定情信物），将我国的传统七夕节与西方情人节相区分。明确节日载体定位，有助于传承节日，这也是我国所有民俗节日复兴的必由之路[①]。

再以端午节为例，悼念屈原是汉魏以后端午节的新主题，它赋予端午以重大意义，但我们不能有片面的理解。悼念屈原在当时可能有两个层面的含义：一个层面是百姓将屈原视作传统竞渡活动中的水神加以崇拜祭祀，以屈原的英灵驱瘟逐疫；另一个重要层面的意义是文人士大夫有感于地位的衰落、政事的衰败，将忧国忧民的孤愤情感投射到楚国忠臣屈原身上，将悼念屈原与传统的驱疫竞渡结合，以屈原的传说来解释竞渡民俗，从而赋予竞渡以历史和文化的意义。

当代社会，在全球化的浪潮中，我们要弘扬民族文化，传统节日习俗是重要内容，端午节对当代中国人来说尤其重要，我们应该从建构民族文化的角度来认识端午节的习俗文化。从节俗起源来看，消灾避疫是端午节的原始主题，体现了习俗的本真意义，因此也使其成为流传最广泛、延续最持久的节俗之一。夏季湿热的环境让人难以忍受，且易发生传染性疾病，人们无法完全规避高温与瘟疫的威胁。祈求生活顺利与平安是每个人的基本愿望，人们需要在物质或心理上寻求安全感。因此，在阴阳两气转换的端午时节，人们自然会运用传统文化手段祈求健康平安。在当代社会，端午习俗的这一原始主题仍具有现实意义。

在此背景下，人类作为文化生物，拥有自身的族群与独特文化。文化传承的核心在于族群的延续，为确保族群生命的持久，必须具备坚定的族群意识。屈原等忠诚的爱国者所体现出的忧国忧民的高尚情感，承载着深厚的文化内涵和民族精神。端午节赛龙舟、包粽子的习俗至今仍在延续，并得到社会各界与广大民众的积极参与，充分体现了这一传统

---

① 邵银燕.石塘七夕习俗［M］.杭州：浙江摄影出版社，2015：2-3.

节日所蕴含的爱国主义深厚底蕴与时代价值。端午习俗已逐渐成为人们共同的文化记忆和节日符号，敦促我们坚定爱国主义信念，坚定我们为美好生活而不懈努力的家国情怀。

2. 传媒和民俗学者配合，普及和宣扬民俗文化

近现代社会转型之际，中国传统节日的式微已成为无可争议的事实，因此部分学者提出了保卫春节的倡议。在此期间，众多民俗学者如贺学君、乌丙安、陶立璠、刘魁立、宋兆麟等纷纷响应媒体的邀请，针对诸如春节、七夕节等传统民俗节日的保护与传承阐述了自己的见解，从而使得传统节日备受关注。传媒界应当关注并普及民俗文化，因为它是民族根基与民族生命力的源泉。

传媒界有关机构可考虑设立民俗频道和栏目，邀请专家学者进行访谈或撰写文章，或开展民俗采风活动，以多样化的形式将丰富的民俗文化传承给年轻一代。此外，针对濒临消亡的民俗文化，传媒界和民俗学者应携手进行抢救和资料整理工作，以图文或胶片的形式保存我国的民俗文化遗产，以免在未来后辈对我们今日有幸见识过的传统民俗一无所知。这才是历史的遗憾。

我们应当秉持文化多元与文化相对主义的观念，以开放的心态吸纳西方文化的精华，在引进西方文化的同时，也要积极推动我国文化走向世界。在中西文化交流的过程中，我们应采取费孝通所提倡的"各美其美，美人之美，美美与共，天下大同"的策略。当前，西方国家的汉学热潮，我国京剧、武术、杂技、中餐在全球各地的广受欢迎，以及民族民俗文化受到越来越多外国游客的喜爱，都只是中国文化走向世界的第一步。在面对西方圣诞节、情人节等节日进入我国的同时，我们也应努力将中国的春节、端午节、重阳节、七夕节等传统节日推向世界。庙会文化作为已延续千年的民俗事象，是民俗文化多样性的外在表现之一。随着现代化、多元化、全球化进程的推进，新媒体传播途径，可以为庙会活动的保护与传承带来新的活力。

3. 加强对青少年的人文知识教育

人文知识教育对于青少年的成长和发展至关重要，它可以帮助青少年更好地理解人类历史、文化和社会，提高其人文素养和综合素质。人文知识教育的缺失是影响庙会非遗文化传承与发展的一个重要因素。我们需要认识到庙会文化的人文知识教育的重要性。庙会文化不仅仅是技艺和习俗的传承，更是文化和历史的传承。通过人文知识教育，可以让更多的人了解和认识庙会非遗文化的历史渊源、文化内涵和艺术价值。只有这样，我们才能更好地传承和发展这一文化遗产，让它在新时代焕发出更加绚丽的光彩。因此，我们需要采取有效措施来加强庙会非遗文化的人文知识教育，以便更好地传承和发扬这一宝贵的文化遗产。对庙会文化而言，可以通过以下几种方式来加强青少年的人文知识教育：① 开展庙会民俗文化课程，在学校或社区中开设"庙会民俗进校园"等相关的游园活动或课程、讲座，介绍庙会特色民俗活动的起源、发展历程、相关习俗和文化内涵等方面的知识，将教学内容与庙会活动融合，让学生和青少年了解庙会的民俗文化背景和意义。② 组织实地考察，带领青少年实地参观庙会，亲身体验庙会的氛围和文化，了解当地的风俗习惯和传统文化，增强其对传统文化的认同感和自豪感。③ 庙会民俗文化课程可采用创新教育方式及现代化的教育手段，如多媒体课件、网络资源等，将庙会民俗文化的相关内容以更加生动、形象的方式呈现给青少年，提高其学习兴趣和积极性。④ 鼓励家庭参与，家长可以在日常生活中引导青少年了解和体验当地的庙会民俗文化，如参加庙会活动、品尝庙会美食等，让青少年在日常生活中也能感受到传统文化的魅力。⑤ 我们需要加强对庙会非遗文化传承人的人才队伍建设。传承人是非遗文化传承与发展的重要载体，他们的技艺和经验是非遗文化得以延续的关键。因此，我们应该加强对传承人的培养和扶持，为他们提供更好的传承环境和条件。同时，我们还需要鼓励年轻人积极参与非遗文化的传承与保护工作，让他们成为非遗文化的传承者和守护者。加强青少年对庙会文化的人文知识教育需要多方面的努力和配合，包括学校、家庭、社会和政府等。通过多种方式的教育和引导，可以让青少年更好地了解和传承传统文化，提高其人文素养和综合素质。只有这样，我们才能更好地传承和发展这一宝贵的文化遗产，让它在新时代继续发扬光大。⑥ 在学校教育方面，加强校园师资培训，对教师进行庙会民俗文化方面的培训，提高教师对庙会民俗文化的认识和理解，使其能够更好地传授相关知识给青少年。⑦ 加强庙会非遗文化与现代社会的融合。随着社会的发展和进步，人们对文化的需求也在不断变化。因此，我们应将庙会非遗文化与现代社会相融合，让它更好地融入人们的生活和思想。如可以通过举办现代艺术展览、文化节庆等形式来展示和推广庙会非遗文化，让更多的人了解和认识这一文化遗产。⑧ 我们还需要加强庙会非遗文化与国内其他文化的交流与合作。在全球化的背景下，文化的交流与合作已经成为各国之间的重要纽带。通过国际交流与合作，我们可以将庙会非遗文化推向世界舞台，让它成为中华文化的代表之一。

4. 文旅融合高质量发展庙会文化

庙会的旅游价值体现在多个方面。首先，庙会是集宗教、民俗、商贸、艺术等多种元素于一体的传统活动。它不仅是民间信仰的体现，更是乡土风情的展示。其次，庙会中的各式表演也是一大看点，例如舞狮、旱船、高跷、火龙舞等传统艺术表演，往往吸引了大批游客驻足观赏。再次，庙会还为游客提供了一个品尝民间美食的好去处。在庙会上，游客可以品尝到各种地道的民间小吃，感受到当地的生活气息和文化魅力。最后，庙会还是一个重要的社交场所。这些元素共同构成了庙会的吸引力，使得它成为旅游业中一道独特的风景线。

文化旅游（简称文旅），指通过旅游实现感知、了解、体察人类文化具体内容之目的的行为过程，泛指以鉴赏各地传统文化、追寻文化遗迹或参加当地举办的各种文化活动为目的的旅游。文旅融合有助于提升旅游资源的综合水平，强化旅游精神文化内涵，给旅游者带来新的文化层次体验，为旅游注入新的活力。

浙江省的旅游产业历来占据重要地位，一直以来是浙江省的重要产业。吴山景区与吴山庙会作为杭州市民休闲的主要去处之一，不仅推动了杭州的旅游经济，更提升了其文化形象。经过多年发展，杭州已成功塑造全国文化创意中心的品牌形象，文化产业的蓬勃发展也为旅游注入了新的文化特色。2024年2月9日至24日龙年春节期间，"央博新春云庙会"在海宁硖石横头街历史文化街区举办了以"硖石灯彩闹新春"为主题的新春庙会，设置了一系列包括特色摊位、民俗文化巡游、古风娱乐体验以及非物质文化遗产皮影展演等丰富多彩的活动，为广大市民和游客提供了一个充满文化气息的新春佳节。值得一提的是，线上用户也可通过央博（中央广播电视总台"央博"数字文化艺术博物馆）平台参与硖石灯会，感受非遗文化的魅力。此次新春云庙会海宁站活动，通过线上、线下有机结合，将数字技术与中华优秀传统文化相结合，为国民新春贺岁提供了新的方式，同时也为浙江海宁志摩故里·硖石景区打造了新的文旅名片，推动了以潮文化、灯文化、名人文化为核心的海宁文旅高质量发展。庙会期间，不仅有民族文化巡游和主题人物与游客的互动，还有文化灯谜竞猜、古风娱乐活动以及海宁皮影戏等非物质文化遗产展演，为游客带来丰富有趣的游玩体验。此外，线下庙会还展示了海宁作为时尚潮城的特色，通过时尚流行走秀等活动，展现了海宁时尚产业的魅力。海宁一直以来致力于推进时尚产业的发展，通过举办各类大型时尚活动，全力打造具有国际辨识度的时尚潮城。央博新春云庙会的举办，使得海宁的传统文化与现代时尚在横头街历史文化街区相互交融，展现了海宁文旅融合发展的活力。随着传统文化与数字技术的深度融合，徐志摩故里海宁焕发出新的活力，擦亮潮文化、灯文化、名人文化的城市名片，持续推进文旅融合高质量发展。

3.4　美学价值

庙会的美学价值内涵广泛，代表着民间的传统文化意趣和审美意识，体现了民众的审美观念和文化需求，是天人合一的大文化，是一种复合之美。例如，吴山庙会的活态馆广场展现了来自世界各地的不同艺术，有各国民族舞蹈体验馆、传统乐器体验馆、非物质文化遗产技艺体验馆等多种场馆；河坊街上的"宋韵市集"，有传统饰品、扇子、陶瓷等文创伴手礼（见图3.6），以及非物质文化遗产美食，可供游客近距离接触剪纸、蜡染、刺绣、编织、雕刻等传统技艺之美，感受民乐、杂耍、昆曲、越剧、相声、宋曲、宋舞等国粹艺术之美。

图3.6　杭州河坊街宋韵市集文创伴手礼

（图片来源：作者摄于河坊街）

3.4.1　内在美

庙会的内在美学价值，体现在其深刻的社会价值、民俗价值、娱乐价值以及美育价值之中。作为中华文明的重要组成部分，庙会文化源远流长，通过庙会这一载体，中华民族优秀的文化与精神得以广泛传播。庙会对弘扬中华民族优秀文化传统具有积极意义。庙会活动的发展历程，在某种程度上反映了民俗文化的演变历程。庙会活动充分展现了民族文化生活与文化风貌的多样性，为人们呈现出一幅丰富多彩、韵味独特的社会风俗画卷。

在庙会的美学价值中，娱乐价值占据重要地位。庙会活动以其独特的表现形式与效果，为人们提供了赏心悦目、健康有益的艺术享受。这种享受所蕴含的情感意味以及带来的精神松弛与愉悦，是审美作用的重要体现，具有直接而现实的美学魅力。庙会活动的新、奇、特、绝特性以及互动性，是构成其娱乐价值的主要因素。同时，庙会活动将民间文化娱乐、经贸活动与特有的庙会氛围融为一体，展现出感性美、寓教于乐、形象性与情感性的美育特征，充满美学情趣，具有深远的美育意义。

3.4.2 融合美

中国传统文化源远流长，博大精深，其中最为人称道的便是其注重和谐统一的哲学思想。这种思想不仅体现在社会生活的各个方面，更在庙会这一独特的文化活动中得到了淋漓尽致的展现。庙会，作为中国传统文化的重要组成部分，以其独特的魅力，营造了和谐统一的意境美。这种美，不仅体现在庙会的各个方面，更在于体现庙会与社会、与人的紧密关系。

首先，庙会所展现的和谐统一之美，体现在审美客体之间的和谐交融。在庙会中，我们可以看到多种文化的交融共存，既有传统的民间艺术表演，如舞龙舞狮、杂技表演等，又有现代的文化展示，如动漫游戏、科技体验等。这些不同的文化元素在庙会中相互交融，形成了独特的文化氛围。同时，传统与现代表达形式之间的和谐也是庙会的一大特色。传统元素如庙会中的小吃、手工艺品等，与现代元素如VR（虚拟现实）体验、互动游戏等相结合，既保留了传统文化的魅力，又满足了现代人的审美需求。这种和谐统一，不仅展示了中国文化的多元性，更体现了文化的传承与创新。其次，庙会所营造的和谐统一之美，还体现在审美主、客体之间。在庙会中，游客可以边逛边赏，感受"美的流动"。人的情态与自然景物及社会文化和谐地表达出美好的氛围，让人产生融入其中的审美体验。这种体验不仅来自庙会本身的美感，更来自人们与庙会之间的和谐关系。正如张中行先生在《北平的庙会》一文中所写："庙会使人们交融亲密，结合，系住每一个人的心。"庙会成为人们共享欢乐、传递情感的场所，展现了人与社会、人与自然的和谐统一。庙会所呈现的和谐统一之美，还体现在审美主体之间的和睦美满。在庙会中，人们以轻松愉快的心情参与到各种活动中，通过庙会活动的多种形式，感受着庙会文化氛围中的亲切与情调。这种亲切与情调，不仅来自庙会本身的吸引力，更来自人们之间的相互交流与互动。在庙会中，人们通过人与人的交流互动，共同分享欢乐与喜悦。这种人与人之间的和谐关系，正是庙会所追求的融合美的重要体现。

中国庙会活动所营造的和谐统一意境美，不仅体现在审美客体之间的和谐交融，更体现在审美主体之间的和睦美满。这种和谐统一之美，不仅展示了中国传统文化的独特魅力，更体现了人们对美好生活的追求与向往。在未来，我们应该继续传承和发扬这种和谐统一的文化精神，让庙会这一传统文化活动焕发更加迷人的光彩。

3.4.3　生活美

庙会文化活动与人们的日常生活紧密相连，它不仅仅表现为一种集市交易的形式，更是生活艺术与地域文化底蕴的展现。在浙江庙会中，我们得以深刻洞察民众的生活理想、心理特征和审美情趣。庙会以其独特的方式，将人们征服客观世界、改造自然以及向往美好生活的愿望和理想，转化为具有审美价值的形态。

这种庙会的精神追求与审美追求，不仅激励着民众，更使他们能以积极向上、理智现实的态度去面对人生的各种挑战。逛庙会是一种让人身心愉悦的活动，蕴含着深厚的生活美学。在庙会上，人们可以欣赏到各种人文美、商贸美和文艺美，同时也能领略到建筑美、环境美。在这里，审美欣赏调动着人们的视觉、听觉、味觉、嗅觉等多种感官，让人们全面感知庙会中的自然与人文对象。

浙江庙会是一个充满活力和生机的地方。在这里，琳琅满目的商品和各式各样的美食，展示了市场的繁荣与活力。同时，各种文艺表演如舞龙舞狮、戏曲演唱等，都充满了艺术美感与文化底蕴。此外，浙江的庙会还展现了丰富的建筑美和环境美。独特的建筑风格体现了传统与现代的完美结合，而庙会周围的环境紧密围绕当地的民俗文化布局营造，为游客营造了一种热闹、温馨、祥和的氛围。这种美，不仅令人流连忘返，更激发了人们对美好生活的向往。

可见，浙江的庙会是一种令人身心愉悦的活动，它蕴含着丰富的生活美学。在这里，人们可以感受到生活的热闹与繁华，也可以体验到文化的深厚与博大。

3.4.4 繁盛美

浙江庙会，犹如一幅幅表现恢宏气象的繁盛美的画卷，以其规模庞大、内容丰富、人气旺盛等特点，吸引了无数的目光。在这个充满喜庆和热闹的场合，人们可以尽情地欣赏、享受、交流和互动。

庙会的繁盛之美，主要体现在庙会内容的丰富多样和形式的各异上。庙会为了满足民众日益扩展的精神生活需求，进行了全面且丰富的创新，使游客能够根据自己的兴趣爱好选择参与。同时，庙会也注重对立统一，使活动既高雅又通俗，传统与现代相互辉映。作为大文化的体现，庙会在文化艺术形态上包罗万象、百花齐放，展现了复合之美，涵盖了表演、展览、休闲娱乐和商业交易等多种形式。庙会活动展示了审美活动的无目的性与物质实用的合目的性的完美结合。繁盛美还体现在庙会的庞大规模和宏阔场面上，以及其中蕴含的丰富文化，给人带来一种壮美雄浑的审美体验。

首先，从规模角度审视，浙江庙会无疑呈现出了宏大的视觉效果。庙会场地开阔，通常以公园、庙宇为基础，在这些宽敞的空间中展开活动，主体与背景相互呼应，共同构建了一幅壮丽的画卷，进一步强化了艺术效果。庙会吸引了众多商贩、表演者和游客的参与，部分庙会甚至借用城市的主要广场或街道举办，构成了一幅热闹的市井风情图。从传统的摊位陈设到现代的游乐设施，无不展示了庙会的宏大场面和丰富内涵。

吴山庙会作为杭州规模最大、历史最悠久的庙会之一，四季活动不断，且各具特色。大年初一至正月十五期间，到吴山进香的游客络绎不绝。吴山庙会不仅为市民提供了购物、娱乐的场所，更重要的是，通过丰富多彩的活动和独特的市井氛围，呈现了杭州城几百年的生活风貌。在繁华的现代都市中，吴山庙会成为杭州人寻找往日市井风貌、寄托怀旧情感的场所。在这里，各行各业的商贩、表演者和游客汇聚一堂，共同构成了热闹非凡的庙会景象。无论是传统的摊位布置还是现代的游乐设施，都让人感受到庙会的独特，仿佛置身于一个充满活力和生机的世界中。

其次，从内容上看，浙江庙会犹如一个万花筒，美食、手工艺、文艺表演等应有尽有。独具特色的非物质文化遗产美食，让人垂涎欲滴；精彩纷呈的文艺表演，令人流连忘返。这些丰富多样的内容，不仅满足了游客的各类需求，也展示了我国传统文化的魅力。同时，参与者众多，包括游客、表演者、商家。例如，老杭州人都喜欢逛逛吴山庙会，常常是闻风而去、满载而归。从大年初一开始，吴山庙会的精彩活动就轮番上演。庙会上各类特色小吃丰富，吴山有名的酥油饼，小孩子特别喜欢的棉花糖、麦芽糖，还有小馄饨、菜卤豆腐、牛肉粉丝等，无不让人馋涎欲滴。此外，吴山庙会也会把整个街区最好玩的手工艺人项目和非物质文化遗产传承人表演都搬到现场，游客可以看到拉大片、吹糖人、抬花轿、捏面人以及功夫茶等民间艺人的绝活表演。近几年，中国大运河庙会在杭州网红人气老街——小河历史文化街区举办。2023年的主题是"北关庙市、潮味生活"。为了突出一个"潮"字，庙会活动集合大兜路历史文化街区、小河历史文化街区、桥西历史文化街区、运河天地文化艺术园区、运河天地等区域梦幻联动，通过香市、茶集、潮市、雅集多种市集形式，全方位打造运河文化的沉浸式体验。游客沉浸在汉服游园会中，观赏并体验焚香抚琴、弄舞摇扇，一秒穿越到"国风盛世"，亲身感受古法制作、花酒茶衣市集、原创手作等有趣活动，与摊主们不同的创想与灵感碰撞出火花。

3.4.5 创新美

浙江庙会在传承传统文化的基础上，不断创新发展。一方面，庙会积极传承民间艺术、非物质文化遗产等传统文化，让更多的人了解和传承中华民族优秀的传统文化；另一方面，庙会引入现代元素，如创意市集、科技互动展示等，使传统文化与现代生活紧密相连。这种传承与创新的融合，使得浙江庙会在保持传统魅力的同时，更具时代感与活力。浙江庙会不仅仅是一种传统文化活动，更是地方特色与时代精神相融合与创新的体现。每年，数以万计的民众齐聚一堂，共襄盛举，感受庙会带来的独特魅力。浙江庙会不仅承载着厚重的历史文化底蕴，更展现出与时俱进的创新精神。

庙会的历史可以追溯到数百年前，它最初是祭祀神灵、祈求丰收的仪式。随着时间的推移，庙会逐渐演变成集祭祀商贸、娱乐于一体的民间盛会。浙江庙会的传统元素在发展中保留了下来，如舞龙舞狮、戏曲表演、手工艺展示等。这些活动不仅让人们感受到古老的文化气息，还为现代人提供了一个了解和体验传统文化的平台。然而，浙江庙会并未停留在传统的框架内，而是不断与时俱进，注入新的元素。例如，现代科技的应用让庙会更加现代化，引入AR（增强现实）互动、虚拟现实等技术，为游客带来沉浸式的体验。同时，庙会还结合地方特色，将浙江的非物质文化遗产、地方美食等融入其中，使游客在欣赏传统文化的同时，更深入地了解地方的风土人情。在浙江庙会的举办过程中，当地人的参与也是不可或缺的一环。他们不仅是观众，更是活动的组织者和参与者。通过参与庙会的筹备和举办，当地百姓对传统文化的认同感和归属感得到增强。同时，庙会也为当地百姓提供了一个交流和互动的平台，增进了邻里之间的友谊与团结。

为了进一步弘扬传统文化，浙江各地的教育部门也积极将庙会民俗文化引入校园。通过组织学生参加庙会活动，让他们亲身体验传统文化的魅力，增强文化自信。同时，学校还邀请专家学者为学生讲解庙会的起源、发展及传承意义，让学生对传统文化有更深入的了解。通过校园内的宣传和教育，学生们可以更好地认识和传承传统文化，培养他们的文化自觉和文化担当。

在传承与创新之间，浙江的庙会找到了一个完美的平衡点。它既保留了传统的核心元素，又不断创新和改进。正是这种兼收并蓄的精神使得浙江庙会在当代社会依然焕发出勃勃生机。

浙江庙会是传统与创新的完美融合。它不仅承载着厚重的历史文化底蕴，更展现出与时俱进的创新精神。通过庙会这一平台，人们可以深入了解传统文化的魅力，同时也能感受到时代发展的脉搏。期待浙江庙会继续发挥其独特的文化价值，为传承和弘扬中华优秀传统文化做出更大的贡献。

3.4.6　乐趣美

浙江庙会注重游客的互动体验，通过设置各种趣味盎然的活动，让游客在参与中感受庙会的乐趣。如手工艺体验、亲子活动、游戏互动等。游客在逛庙会的过程中，不仅能欣赏到各种美景，还能亲身体验庙会的乐趣。这种互动体验的美，让庙会活动更加深入人心，令人流连忘返。庙会提供了丰富的互动体验，让游客在参与中感受到乐趣美。浙江庙会将继续传承优秀传统文化，创新发展模式，为游客带来更多美好的体验。

3.4.7　风格美

庙会活动所展现的异彩纷呈的民族风格美，是性格心理、思维方式、行为方式、抒情方式、审美理想、审美趣味等多重因素的综合体现。这些元素共同构成了民族特色，并在庙会中得以自然展现，赋予其独特的魅力。

在艺术内容与艺术风格的形式方面，庙会展现了民族文化艺术的多元融合。它如同一场民族文化艺术的盛宴，汇聚了民族民间传统文化的精髓。庙会中的民间艺术、绝活绝技、风俗、民俗商品及传统风味小吃等，无不透露出浓郁的民族风情。例如，庙会舞蹈作为一种独特的艺术形式，包含了敬祀神灵的宗教信仰色彩。如今，庙会舞蹈更融入了现代文明的风韵，避免了民众对其理解的狭隘化。现代庙会表演中的龙舞、狮子舞、灯舞等，都展现了庙会文化中舞蹈的具体形态，并通过不断的改造和创新，成为民间信仰的艺术选择。

在艺术与社会的关系方面，庙会体现了历史文化的包容性。庙会中的民俗活动承载着丰富的历史意蕴和民族特性。随着历史的演进，民俗不断发展，成为民族历史的重要组成部分。在观赏这些富有民族风情的民间艺术时，我们也在品味着民族历史的厚重和丰富。

随着时代的发展和人民群众文化需求和审美水平的提高，庙会在今后的发展中还需要进行深层次的美学提升，使其充满整体美、意境美。有关机构、传承人在决策、策划、运作中应增强社会责任感，从庙会活动的现实出发，从审美的角度去发掘那些让人喜爱的新现象、新兴趣和新感受。在丰富性与多样性、群众性与艺术性、娱乐性与参与性、知识性与趣味性、民族性与世界性、先进性与新颖性、传统性与现代性、全球化与本土化等方面积极探索，锐意创新。从传统的深厚蕴藏、文化积淀和现代的文化时尚、人文精神中汲取能够引起公众审美兴趣的文化原汁，在文化内涵、审美意蕴、美学追求上更加完美，使庙会越办越好。

3.5 庙会文化的传承隐忧与实践探索

在全球现代化、信息数字化的趋势下，推动高质量的传统文化保护工作，尤其是保护非遗文化的多样性，已成为重要课题。受多重因素影响，作为非遗文化组成部分的庙会文化，因其内容、地域、功能等的复杂性、多元性特征，相关的保护工作实施起来更加艰难。如今，庙会文化的传承与推广面临重重困难。

3.5.1　庙会文化发展不平衡

受城市化与经济化等方面的影响，庙会文化呈现发展不均衡的局面。一方面，能快速带来直接经济效益的部分，如美食特产、工艺文创等获得了较好的发展空间；另一方面，古老传统的非遗文化如戏曲杂艺、民间美术、手工技艺等，受现代审美及传承方式的限制，发展情况堪忧。可见，庙会文化发展的机遇与困境并存。

3.5.2　庙会传承人及技艺面临濒危

社会生产力的发展、信息的快速更新迭代，使得大量传统技艺失去了原有的生存环境，同时也令民间传承面临后继无人的困境。如起源于南宋的杭州泥塑技艺是非物质文化遗产技艺，以杭州周边特有的黑黏土捏制泥塑作品，承载着丰厚的历史记忆，如今仍延续着文化血脉；而一些杂耍、猴戏、皮影戏等庙会中的民俗表演已经衰落。很多非物质文化遗产技艺出现了失传局面。对于杭州庙会来说，除了大型庙会活动以外，其他庙会很少出现传统杭州民俗艺术的集中展现。糖画、捏泥人等传统民俗的发展面临着失传问题。

3.5.3　传统文化与公众兴趣的脱节

传统庙会文化资源丰厚，但从全国乃至国际文化市场的视野和高度进行过度开发，容易导致民众对庙会文化的保护工作认识不足、参与度不够。由于社会与科技的发展、认知与审美的变化，人们越来越难对庙会文化的独特内涵心生触动。例如，在吴山庙会上现代玩具比民间传统玩具有着更高的吸引力与消费热度，因为庙会上的民间玩具多质量较差、品相单一。此外，在非物质文化遗产的保护上，缺少相应的人才，这对我国非物质文化遗产的保护无疑又是一种打击。

3.5.4 探索性办法

为了更好地传承与创新浙江庙会的文化价值，可以在以下几个方面进行探索和发展。

（1）利用数字化技术提升庙会游玩体验。随着科技的进步，数字化技术为传统庙会带来了新的可能性。例如，通过虚拟现实（VR）技术，游客可以亲身体验古代庙会的盛况，感受浓厚的文化氛围。同时，增强现实（AR）技术可以将传统文化元素与现实相结合，为游客带来沉浸式的体验。利用大数据技术可以对游客的行为进行分析，了解他们的需求和喜好，为庙会的组织和策划提供更有针对性的信息。此外，人工智能技术也可以用于提升庙会的互动性和参与性，让游客更加深入地参与传统文化活动。

（2）推广地方特色文化。浙江各地有着丰富的特色文化，如杭州的茶文化、嘉兴的丝绸文化等。庙会可以作为一个展示和推广这些文化的平台，让更多的人了解和欣赏浙江的地方特色文化。通过组织各种地方特色的文化活动和表演，可以让游客更加深入地了解浙江的文化底蕴和风土人情。同时，这也有助于推动地方特色文化产业的发展和推广，为当地经济带来更多的商机和活力。

（3）强化社区参与。鼓励社区居民更多地参与到庙会的策划和组织中来，让庙会文化更贴近民众，增强他们对传统文化的认同感和归属感。同时，社区的参与也能为庙会带来更多的活力和创意，让庙会文化在日常生活中得到传承和发展。通过与社区居民合作，可以发掘更多具有地方特色的文化元素和活动形式，丰富庙会的内涵并增加庙会的吸引力。此外，社区参与也有助于提高居民对传统文化的认识和理解，激发人们对传统文化的热爱和创造力，促进文化的传承和发展。

（4）与旅游相结合。浙江有着丰富的旅游资源，庙会可以作为一个吸引游客的亮点。将庙会与旅游相结合，可以进一步扩大庙会的影响力，同时也为地方经济带来更大的效益。与旅游部门合作，开发具有特色的旅游线路和活动项目，吸引更多游客前来参与体验。这不仅有助于推动当地旅游业的发展，也能促进文化交流和传播。

（5）教育普及。通过与教育部门合作，进一步推动庙会民俗文化进校园。在学校开展有关庙会的主题活动、讲座和课程，让学生们更加深入地了解传统文化的内涵和价值。同时，教育部门可以编写有关庙会的教材和读本，将庙会文化融入教材中，为学生提供更加系统和全面的教育。

（6）文化交流。组织庙会文化交流活动，邀请其他地区的庙会策划代表展示各自独特的庙会文化和传统。文化交流活动可以促进不同地区之间的文化交流与合作，共同推动庙会文化的传承与发展。

（7）创意开发。与文化产业合作，将庙会文化元素融入创意产品中。例如，可以开发与庙会相关的文创产品、纪念品和艺术品等，以新颖有趣的形式吸引更多人了解和喜爱庙会文化。此外，还可以通过影视作品、动画等形式呈现庙会文化，让更多人深入了解其历史和魅力。

（8）旅游开发。将庙会文化融入旅游产业中，开发具有特色的庙会旅游线路和产品。通过旅游的方式，让更多人亲身体验庙会的氛围和魅力，促进庙会文化的传播与传承。同时，旅游开发也可以为当地带来经济收益，促进经济发展。

3.6　庙会对当代社会的价值与意义

庙会作为一种传统民俗活动，在现代社会中具有自己独特且不可替代的作用与价值。随着时代的变迁和物质生活的丰富，庙会的功能虽然在一定程度上有所减弱，但其对于城市记忆的传承和乡愁的缓解仍具有深远的意义。

1. 承载历史及城市记忆

在现代社会，随着城镇化的快速推进，许多传统庙会的表现形式正在发生翻天覆地的变化。许多庙会已成为当地人寄托乡思情怀和寻找文化身份的公共场所。而庙会作为一种承载了丰富地方文化和历史记忆的活动，往往能用故乡的特有元素，如地方戏、地方小吃、手工艺品等，抚慰人们心中的漂泊感。此外，庙会的一系列传说故事以及庙会期间上演的各种戏曲曲艺，无疑在教化民众、规范社会秩序方面发挥了一定作用。例如在上虞的曹娥庙会文化圈中，历代都涌现出众多孝子孝女的事迹，这些人的精神至今仍在精神文明建设中发挥着重要作用。这充分证明了庙会中孝德文化与思乡情怀。庙会这一形式的展现和传承，对于留住城市记忆、缓解乡愁现象具有极为重要的价值。这不仅能够让人们更好地了解和传承传统文化，同时也能够为现代社会带来更加深厚的人文底蕴。

2. 传承传统文化，保护非物质文化遗产

我国政府对于非物质文化遗产及民间艺术的保护工作给予了极高的重视。庙会文化，作为我国大众文化的重要组成部分，深刻体现了民众在长期历史进程中形成的思想意识、价值观念、行为方式及心理特征。庙会这一独特形式，为相关非物质文化遗产的保护提供了得天独厚的条件。庙会本身就是一个汇集了多样化文化艺术元素的平台，众多民间艺术及非物质文化遗产在此环境中得以孕育和发展。因此，在庙会活动中为这些文化元素寻找合适的展示空间轻而易举。相较于单独的保护与发展策略，通过集中保护、相互协作的方式，或许能够取得更为显著的效果。例如，被列入国家级非物质文化遗产名录的十八蝴蝶舞蹈表演，正是源于方岩庙会的娱神活动。

时至今日，当我们重新审视传统庙会的文化功能时，其重要性依然不容忽视。尽管在现代社会中，神灵的威慑力和号召力已经大不如前，但作为一种地方性文化象征，庙会中所祭祀的神灵仍然对今天的民众有

着深远的影响。庙会中所祭祀的对象，如始祖神、英雄豪杰、名臣清官、工匠师祖、圣贤、孝女等，是历史上或有杰出贡献，或品性卓越，深刻影响了地方发展的人物。这些人物的事迹和精神，通过庙会这一形式得以传承和弘扬，对于激发人们的爱国热情、培养社会责任感和道德观念具有积极的影响，这和所谓的封建迷信不同。

传统庙会作为一种重要的文化活动，承载了丰富的历史文化内涵，是一个可供文化交流和社交的平台。在这些庙会中，人们可以感受浓厚的地方文化氛围，体验独特的民俗风情，这对于传承和弘扬地方文化具有重要意义。当然，现代社会中的庙会已经逐渐演变成了一个集祭祀、娱乐、购物、文化展示于一体的综合性活动。虽然庙会中的祭祀对象在今天的民众心目中可能只是一个象征、一个符号，但这并不意味着庙会失去了其文化价值。相反，这种符号化的现象正是庙会文化在现代社会中的一种新表现，它使得庙会文化更加贴近民众的生活，更加易于传播和接受。因此，我们应该正确看待传统庙会这一文化现象，既要尊重其历史价值，又要关注其在现代社会中的新变化。传统庙会作为一种地方性文化象征，在现代社会中仍然具有不可替代的价值。我们应该从多个角度审视庙会文化，充分挖掘其内涵和价值，为传承和弘扬地方文化做出积极的贡献。

3. 增强民族自信心，提升文化软实力

庙会，作为我国民族的重要文化遗产，绝非落后与迷信的象征。它作为一种历史产物，其复杂性不输寺庙，不仅体现了特定的意识形态，更是上层建筑和社会生活不可或缺的一部分。庙会文化深深扎根于民众之中，充满了极浓的风俗性和民族性。地域的繁荣与风俗文化的昌盛紧密相关。对庙会文化进行研究，深入洞察其发展与变迁的规律，能更好地推动群众文化工作的开展。在深入研究庙会文化时，必须着重于挖掘本民族传统文化中的精神内涵，以增强民族凝聚力和向心力。我国的传统文化有时因其深奥难懂而与普通民众产生距离感，导致难以获得广泛接受和认可，从而难以得到有效的保护和发展。庙会作为一种文化现

象，为人们提供了近距离接触和感受传统文化的宝贵机会。通过庙会，非物质文化遗产不再仅仅是名录中的文字描述，而是变得生动鲜活、触手可及。相较于书画展览和文艺汇演，庙会因其活动形式和表演内容更易于被民众接受和认可。庙会这一独特的文化形式，使人们能够切身体验到传统文化的魅力，同时有利于增强民族自信，深化文化认同，提升民族凝聚力。

西湖香市这一传统庙会经久不衰，或许与其背后"借佛游春"的民俗信仰有关。这种信仰不仅体现了人们对传统文化的尊重，也满足了民众的精神需求。在庙会期间，人们可以祈求平安、健康、幸福，也可以与家人、朋友一起分享欢乐的时光。这种信仰和民俗活动的结合，成为庙会独特魅力的重要组成部分。传统庙会不仅是一种文化现象，更是一种生活的体现。它承载着当地民众的文化审美和休闲需求，为人们带来了无尽的欢乐和心灵的放松。

在当前文旅融合的大背景下，人民群众对丰富多彩的精神文化生活的需求日益强烈。许多历史文化名城正以人文历史为文化品牌进行打造与包装，加强对文化遗产的保护与传承，以文化为魂，推动地方经济的发展与社会的稳定。城市文化建设的发展与文化遗产保护工作紧密相连，城市文脉是一个城市深厚的文化积淀和传承，彰显着独特的实力与价值。我们必须以高度的文化自觉，对地域历史文化遗产进行系统化梳理，才能真实全面地揭示其历史轨迹和演进逻辑，使其成为推动城市软实力提升的重要因素。因此，我们应当珍视并传承庙会这一重要的文化遗产，为推进群众文化工作、促进地方经济社会的稳定发展贡献力量。

4. 促进经贸，繁荣市场

传统庙会，这一历经千年的文化瑰宝，至今仍然在不少地区保持着旺盛的生命力，并深受各地民众的青睐。它不仅是民众休闲娱乐的一个重要方式，更是当地文化传承和展示的重要平台，与民众生活紧密相连。参加庙会，对许多人而言，不仅是融入一种传统习俗，更是受到一种与生俱来的文化归属感的驱动。庙会的魅力，源自其深厚的文化底蕴。在这里，民众可以欣赏丰富多彩的传统表演，品尝地道独特的小吃美食，购买各式各样的手工艺品，还可以亲身参与各种民俗活动。这些活动不仅充分展示了当地独特的文化特色，也满足了民众的精神文化需求。在庙会的热闹氛围中，人们可以暂时忘却生活的烦恼，感受传统文化的独特魅力和温暖。相较于一些现代休闲娱乐活动，庙会往往能够带给人们更深层次的愉悦感。这是因为庙会不仅仅是一种简单的娱乐活动，更是一种文化的传承和展示。亲身体验传统文化的深厚底蕴，这种参与感和体验感是现代休闲娱乐活动所无法比拟的。

经过对杭嘉湖地区的详尽实地调研，我们发现，此地历史上传统庙会数量颇多，尤其是清明节前后，庙会的举行比较集中，如湖州蚕花庙会等。其时，邻近的农人会纷纷前来赶庙会，购置各种生产资料和生活必需品，为即将到来的农忙季节做好准备。即便有的家庭并无宗教信仰背景，他们也会因为需购买物资而参与庙会活动。庙会不仅为农人提供了一个物资交流的场所，更成为他们在农忙前释放压力、放松心情的重要空间。值得关注的是，随着农忙季节的临近，庙会的数量会明显减少，这符合当时人们生产劳动的时间规律的需求。

庙会在中国各地的复苏，成为推动假日经济的一股新兴力量。庙会不仅仅是一个传统的文化盛事，更是一个融合了文化、商业和娱乐的综合性活动。特别是在部分内地城市和历史文化名城，庙会更是承载了传承和弘扬文化的使命。因此，许多有远见的城市将庙会作为春节期间的重要项目来运作，推动了庙会经济的蓬勃发展。

庙会作为中国传统习俗的重要组成部分，迎合了人们在喜庆气氛中的消费欲。逛庙会已经成为许多人春节期间的传统活动，人们在这里可以感受浓厚的节日氛围、品尝各种美食、欣赏各种表演、购买各种特色商品。因此，庙会现场的经济收益只是这条产业链上的冰山一角。庙会所带来的经济效益远不止于此。在庙会期间，周边地区的游客数量大幅增加，相关行业也因此受益匪浅。例如，娱乐、餐饮、文创等产业都因为庙会而获得了更多的商机。同时，庙会还带动了周边地区的旅游业发展，吸引了更多的游客前来游览，从而促进了地方经济的增长。除经济效益外，庙会还对挖掘新的旅游经济增长点具有重要意义。一方面，庙会弘扬了传统民俗文化，让更多的人认识和了解了中国传统文化的魅力；另一方面，庙会可以作为一个重要的载体，通过举办各种活动，打造旅游品牌，吸引更多的游客前来参观，从而带动相关产业的发展，拉动投资和消费，最终促进地方及区域经济的发展。

庙会作为中国传统文化的重要组成部分，已经成为发展春节假日经济、节日经济、夜经济等的新兴力量。它不仅为人们提供了休闲和娱乐的场所，还带动了周边地区经济的发展，促进了地方及区域经济的繁荣。

3.7 庙会文化元素在文创产品设计中的可行性转化

庙会的社会价值集中体现为通过文化的承传和交流，展示真、善、美。就其表现形式和活动效果来看，庙会活动要尽可能反映地域特色和文化风貌。新、奇、特、绝的特征和互动性是庙会娱乐价值的主要构成因素。

庙会活动结合环境及节日氛围，给人们以赏心悦目、健康有益的艺术享受。其所蕴含的情感意味及愉悦精神的功用使庙会活动融民间文化娱乐、经贸活动和优美环境于一体，打造具有感性美和寓教于乐、形象性、情感性的美育特征庙会。通过庙会传统文化属性在文化生态作用下的迁移与提取，形成适应当代文化生态的新的庙会文化属性。庙会文创产品衍生于庙会，承载了庙会多元化的文化属性。随着我国经济的快速发展，人们的消费理念逐渐从以物质消费为主转向同时注重精神文化消费，对文创产品的需求日益扩大。近年来，国家出台了一系列政策，积极推动中华传统优秀文化创造性转化和创新性发展，为文创产业的繁荣提供了有力支持。将地域文化元素融入文创产品设计中，不仅有助于推广当地特色文化，还能凸显文创产品的艺术特色，增强其吸引力，实现文化与商业的双赢。独特的庙会文化，作为中华民族传统文化的重要组成部分，承载着深厚的民族情感和文化内涵，具有极高的传承价值。因此，在文创设计中融入地域文化元素，尤其是庙会文化等独特文化元素，将有助于推动文创产业的可持续发展，同时为保护和传承传统文化贡献力量。

3.7.1　庙会文化元素在文创产品设计中的开发流程

首先经过深入调研与分析，详细了解庙会及相关地域文化的内涵与特色，系统梳理相关知识脉络，并对代表性文化元素进行归纳与分类。同时对周边庙会文创产品的开发现状进行全面调研，并搜集众多优秀的文创产品案例。在此基础上，进一步对环境及用户进行深入调研，收集大量的数据信息，并结合前期的调研结果及用户需求，进行精准的品牌定位分析，包括市场定位、风格定位及需求定位等，从而明确消费需求与目标人群。确定设计方向后，结合庙会地域文化元素的表达方法，进入视觉设计阶段。精选具有标志性的元素，并从色彩、造型等方面进行精简提炼与创新设计，以确保其具备一定的识别性。最终，将这些元素巧妙地融入文创产品设计中。图3.7为庙会元

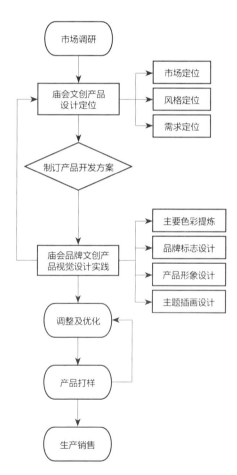

图3.7　文创产品庙会元素设计流程图

（图片来源：作者绘）

素文创产品设计流程图。

浙江庙会文化包含万千元素，但并非全部适用于文创产品的设计，因此要挖掘并挑选可以体现文化特点及设计表达的文化要素，使文创产品更具特色、富有文化意蕴。复盘前期梳理归纳的浙江庙会地域文化元素，选择特色代表元素，并提炼其可转化的文化内涵，将庙会元素融入产品设计中。现以前文提及的几场庙会为例，简析浙江庙会文化元素的内涵解析与转化（见表3.1）。

表3.1 浙江庙会文化元素的内涵解析与转化

庙　　会	文化元素	内　涵　解　析	具 体 转 化
吴山庙会	捏泥人	捏泥人是一种民间艺人的传统手艺，在中国传统文化中，捏泥人常被用来表达对宗教信仰以及历史人物的崇拜和敬意	由传统技艺具象转化，可将同种类型成品以盲盒形式销售，将优秀技艺传承下来
	糖画	糖画通常以吉祥图案、动物形象等为创作主题，寓意着人们对美好生活的期盼和祝福，承载着传承和弘扬民族文化的使命，成为中华文化的重要组成部分	由民俗活动具象转化，将该种技艺创新化，可体现在色彩变化或所绘制的形态与当今热点文化结合上
	扇面画	历代都有书画家喜欢在扇面上题诗作画，以抒情达意，为他人收藏或赠友人留念。扇面画多匠心独具，笔随意转，化有限为无限，创造出富有魅力的形象和意境	由民间技艺具象转化，可将现代衍生字体视觉元素和庙会元素融合在扇面绘画中
径山茶宴	茶宴	张茶榜、击茶鼓、恭请入堂、上香礼佛等十多道仪式程序，体现了中国禅茶文化的精神品格，丰富了中国茶文化的内涵，具有学术研究价值，对杭州地区民间饮茶礼仪习俗的存续有重要影响	由文化思想具象转化，以茶文化为思想指引，进行茶具创新设计，可与现代流行趋势相结合
蒋村龙舟胜会	龙舟	最初是我国人民祛病防疫的节日，春秋之前江浙地区有在五月初五以龙舟竞渡形式举行龙图腾祭祀的习俗；后因屈原在这天逝世，有了纪念屈原的习俗	由民俗活动抽象转化，借鉴龙舟设计的纹样、色彩和形态，进行二次创作

（续　表）

庙　会	文化 元素	内　涵　解　析	具　体　转　化
河上龙灯 胜会	龙灯	龙是吉祥与权威的象征，代表风调雨顺、国泰民安和皇权至高无上；通过放龙灯，人们表达了对新一年的美好期盼，也寓含了对大自然的敬畏之情	由文化思想具象转化，其核心在于通过放龙灯的形式表达美好愿景，可将龙灯与祈福挂钩，提取特有元素
新市蚕花 庙会	蚕花	谚云："种田吃白米，养蚕用白银。"蚕神光顾谁家，谁家就发大财。当地蚕农有较强的商品意识，他们崇尚"财神"。因此，蚕花有财神的意味	由民俗活动抽象转化，可以将蚕花元素与财神结合，创新绘制其形象
畲族三月 三	彩带编 织	彩带承载着远古时代畲族先民的祈祷讯号，其中的纹样由代表不同含义的意符文字构成，畲族女性把对美好生活的期盼织进彩带。彩带是古老纹饰，是定情之物，有吉祥寓意。	由传统技艺抽象转化，可以归纳总结彩带上丰富的纹样和色彩，进行重组创新
蒙恬会	湖笔	"一部书画史，半部在湖州"。湖笔作为文房四宝之首，承载着数百年的制笔业与书画史的文化传承，拥有独特的制作工艺和深厚的历史底蕴	由传统技艺具象转化，可以把湖笔与湖州孕育的书画巨匠的形象结合，传播其深厚的书画底蕴，运用于高端伴手礼、非遗体验等。
石塘七夕 习俗	磨喝乐	在宋代，七夕节期间，人们买磨喝乐不仅是为了乞巧，还象征着期盼多子多福。已婚妇女通过供奉磨喝乐祈求早生贵子	由文化思想具象转化，可以借鉴不同磨喝乐的设计效果，从玩具设计、包装设计等方向传播其暗含的思想
嘉兴端午 习俗	香囊	通常香囊是定情之物，它所传达的情感密码多种多样，含蓄优美。许多香囊都有鱼的形象，而鱼在中国传统文化里是情事的隐语，鱼喻男，莲喻女	由文化思想具象转化，可以借鉴香囊上丰富的图案纹饰和色彩元素，以及香囊中的中草药来生产时尚养生类产品

（续 表）

庙 会	文化元素	内 涵 解 析	具 体 转 化
半山泥猫习俗	泥猫	泥猫寓意着吉祥、富贵和幸福，深受人们的喜爱。是杭州民俗文化的代表，也是中国古代农耕文化的缩影，与杭州半山一带繁荣的桑蚕业密切相关，蚕农通过泥猫形象来镇鼠，祈盼丰收。	由民间传说具象转化，可以教人们自己动手制作（DIY）泥猫等系列猫形象文创产品，体会乐趣的同时也传播半山泥猫民俗文化

在进行基于浙江庙会文化的文创产品设计的过程中，结合上述探讨的庙会文化元素转化方法，打造出文化内涵和审美性兼具的浙江庙会品牌文创产品，赋予浙江特色庙会文化元素新的活力。庙会文化元素的具体提取转化思路如图3.8所示。

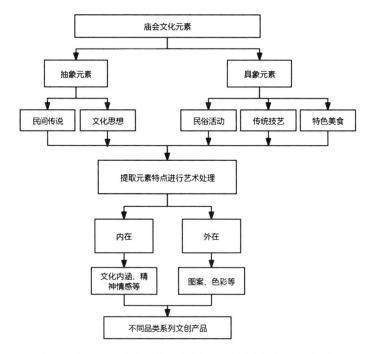

图3.8 浙江庙会文化元素在文创产品设计中的提取转化思路

（图片来源：作者自绘）

3.7.2 庙会文化元素在文创产品设计中的转化与应用

1. 设计案例1

"梦回南宋"及"庙会百景"系列设计以吴山庙会中宋韵文化元素为特征，进行了一系列的空间环境及文创产品设计诠释。吴山庙会是杭州宋韵文化表现的中心地带。"庙会百景"系列化文创设计（见图3.9～图3.12），针对吴山民俗风情进行视觉元素的提取及演变，运用夸张、强化特征、谐趣模仿等手法，提炼出吴山庙会的非物质文化遗产特色，以及民间文艺、文化活动、祈福文化等多种且多元的地域文化的精华部分，并进行创意设计，使之符合公众的审美和视觉感受，从而让更多的观众了解吴山庙会的特色和历史，推动文化传播及发展。"梦回南宋"商业空间设计则以宋韵色彩作为创新设计的主题色，结合祈福、商贸交流等功能进行空间分区设计，展开宋韵市集、非物质文化遗产技艺体验区、商业店铺等系列化空间环境设计（见图3.13～图3.15）。

图3.9 "庙会百景"吴山庙会系列文
创设计1（邮票、伞、灯笼）

（图片来源：作者设计团队）

图3.10 "庙会百景"吴山庙会系列文创设计2（明
信片、水杯、包装盒）

（图片来源：作者设计团队）

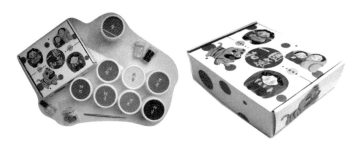

图3.11 "庙会百景"吴山庙会系列文创设计3（泥人手作体验套装）

（图片来源：作者设计团队）

图3.12 "庙会百景"吴山庙会系
列文创设计4（八音盒）

（图片来源：作者设计团队）

图3.13 "梦回南宋"商业空间设计

（图片来源：作者设计团队）

图3.14 "梦回南宋"商业空间设计的纸扇和陶瓷手作体验区

（图片来源：作者设计团队）

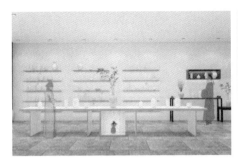

图3.15　"梦回南宋"商业空间设计的市集店铺活动区

（图片来源：作者设计团队）

2. 设计案例2

庙会文化中的地域文化是一个地区历史沉淀的重要组成部分。"云和有礼"伴手礼的设计，得益于对梅源芒种开犁节迎神庙会中的民俗活动（见图3.16）的深入探析，以及对梯田农耕文化的深入挖掘及应用，将独特的梯田农耕传统文化习俗的特色灵活地融入现代文创产品的创造中。文化创意产品作为一种实用与美观兼备的工艺品，提倡以创新为主

吼开山号子　　　　　　　分红肉　　　　　　　山歌对唱

祭神田　　　　　　　芒种牺牛　　　　　　十八村迎神祭祀

图3.16　梅源芒种开犁节迎神庙会文化习俗调研

（图片来源：作者团队拍摄）

导的文创设计赋予其较高的市场价值。梅源芒种开犁节是典型的古老民俗节日的延续和发展，其中的农耕文化从形式到内涵都展现了当地的地域特色。梅源当地有着一套特别完整的民风习俗，其中蕴含着特别深厚的文化内涵和艺术符号元素。设计团队通过研究该节特有的民风习俗、人文故事以及历史背景，将其中的文化元素进行提炼（如彩带纹饰，见图3.17），以创新的手法，在保持这些文化内涵的基础上以现代设计理念进行产品构思，使其更具艺术魅力和商业价值。如此，这类现代文创产品设计既不失现代审美品位和文化内涵，又贴近百姓生活。芒种开犁节扩大了浙江云和农耕文化的影响。

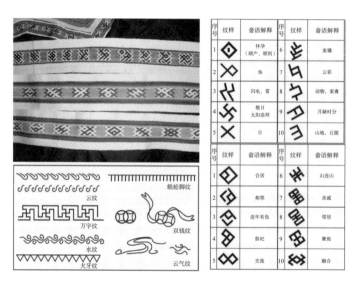

图3.17　畲族彩带释义分析

（图片来源：作者团队绘制）

设计团队从国家级非物质文化遗产梅源芒种开犁节活动中获取创作灵感，通过对当地特色的民俗活动、自然风貌、少数民族建筑及服饰进行研究，从中提取图形元素和文化符号；利用更加现代的创作手法绘制开犁节插画（内容为开犁节传统的几类民俗活动），并利用插画及图形元素设计以"云和有礼"为主题的文创礼盒、明信片、墙绘等（见图3.18～图3.21）。

　　"云和有礼"茶具礼盒内含茶壶、茶杯和茶罐。设计时，创作者充分考虑将地域文化融入其中，如壶提手带有从畲族彩带中提炼的云纹符号，突出了民族文化韵味。茶杯外部横纹用到了畲族彩带元素，用户在品茶的同时还可以感受云和特有的非遗文化。茶罐盖子的设计灵感来源于

图3.18　"云和有礼"茶具礼盒

（图片来源：作者设计团队）

图3.19　"云和有礼"系列文创产品（明信片）

（图片来源：作者设计团队）

图3.20　梅源芒种开犁节迎神庙会文化墙绘

（图片来源：作者团队绘制）

图3.21 "云和有礼"系列文创产品（丝巾）

（图片来源：作者团队绘制）

农耕文化中的草帽。将草帽元素与茶罐相结合，既能展现云和农耕文明，又使茶罐生动有趣。整套茶具为了更贴合现代青年人的审美，还被设计成都市时尚青年喜爱的便携款茶具，整体圆润简约，形似胶囊。

3. 设计案例3

元宵节是中国传统节日之一，跟元宵节有关的习俗活动在每年农历正月举行。元宵民俗文化庙会的历史可以追溯到2 000多年前的西汉时期。据传，西汉时期的汉武帝曾下令将正月十五设为元宵节，以庆祝新的一年到来。在杭州萧山区，人们每年都会举办各种庙会民俗活动，通过活动的举办使文化经典重现、文化记忆重新回归。在"世纪春望·2024盈丰街道元宵庙会"上，主办方通过对元宵庙会历史故事、人物、民俗风情等多类元素的挖掘，从空间设计、环境设计、人物形象设计、活动IP设计、文创设计等多方面打造元宵庙会的新面貌，让民众能够欣赏各种传统表演、体验时尚活动、品尝美食、赏玩民间艺术，感受不一样的节日气氛（见图3.22）。在内容策划上，设计团队针对庙会场景设计了灯谜猜猜猜、逸老堂打卡、文创市集、文武体验、彩灯展览等丰富活动。此外，在汉服体验区，游客可在特定场景进行汉服妆造体验。巧妙的设计将盈丰街道的特色文化与庙会场景相融合，形成令人耳目一新的亮点。

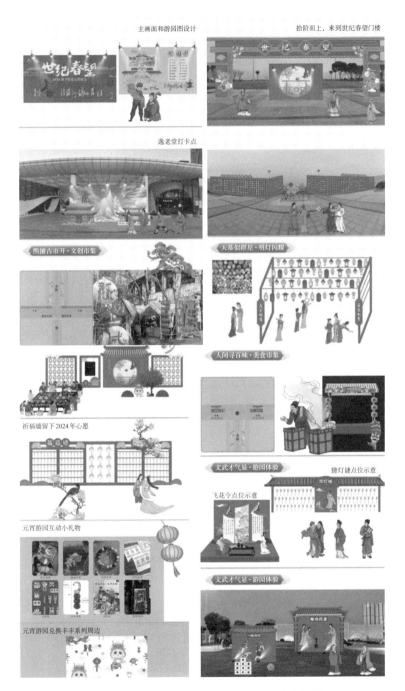

图 3.22　"世纪春望·2024 盈丰街道元宵庙会"活动

（图片来源：作者设计团队）

| 第4章 |
当代庙会的兴起——浙江庙会价值重构

　　当代庙会的兴起，不仅仅是文化传承的表现，更是庙会价值的深化和重构。从历史角度看，庙会作为中国特有的文化现象，其根源深植于宗教信仰之中，是人们对神灵表达敬仰、祈求福祉的一种方式。如今，庙会的功能和意义随着社会的发展和人们生活方式的变化而有所转变。传统庙会以宗教信仰为核心，注重祭祀仪式和信仰传承，这一点在多个证据中得到了体现。此外，庙会还被视为连接人与自然、历史与现实的重要纽带，是传统文化、宗教文化、民族文化融合的体现。此外，传统庙会也反映了人民群众长期积淀形成的民族信仰、意识行为、价值观念等。而现代庙会不仅仅保留了传统的宗教和文化元素，还融入了更多的商业活动和社会交往功能。这种变化体现在庙会逐渐成为人们休闲娱乐和社交的重要场所，庙会活动在展示真、善、美的同时，促进了文化的承传和交流。同时，庙会也成为多元文明融汇的民间嘉年华，吸引了更多海外华人的参与。尽管如此，庙会的商业化趋势也引发了一些争议。一些人认为，庙会的商业化氛围日趋浓厚，导致文化气息逐步减弱；传统民俗表演等演出活动，相较时尚商业演出而言显得陈旧落套。这种现象表明，在追求经济效益的同时，也需要关注对庙会的文化内涵和美学意境的保护与传承。

　　浙江地区的庙会具有鲜明的地域特征和文化底蕴。杭州的吴山庙会，以湖光山色为背景，融合了江南水乡的风情和文化底蕴，这一点从吴山庙会被列入浙江省级非物质文化遗产保护名录可以看出，它不仅是城中时尚年轻人聚会的地方，还体现了杭州深厚的民俗文化。宁波的鄞州庙会则以海鲜美食和渔文化为特色，展现了海洋文化的魅力，这与鄞州区当地渔民保留的传统庆祝方式相呼应。绍兴舜王庙会将文化特色和商业贸易集合为一体，内容包括神灵崇拜、传说、仪式、民间艺术等，是国家级非物质文化遗产之一，每年吸引数万人参与，体现了绍兴地区浓郁的地方特色和"舜德精神"的传承。这些庙会不仅丰富了当地人民群众的文化生活，也促进了当地商业经济的繁荣发展。例如，绍兴舜王庙会依托"虞舜文化旅游节"已持续举办20余年，每年吸引数万人参与。该文化节以祭祀舜帝为核心，集神话传说、民间艺术、经贸活动于一体，辐射周边如上虞、嵊州、诸暨等地。不仅是绍兴地区具有浓郁地方特色、传承"舜德精神"的重大节日，也是促进当地商贸经济发展的重要活动。

通过对庙会价值的重新认识和重构，我们可以深入理解和深化这一古老文化形式所蕴含的丰富内涵和时代价值。同时，在庙会形式和创新路径上也需要跟随时代变化发展，让当代庙会焕发出更加绚丽的光彩。

4.1　庙会文化品牌打造

庙会作为中国传统文化的重要表现形式，具有深厚的历史底蕴与人文价值。打造庙会文化品牌，可以更好地展示当地的传统文化和当代文化的标志性景观，使庙会成为传承与当代价值的桥梁。同时，庙会不仅具有文化价值，也会产生一定的经济效应。打造庙会文化品牌，可以吸引更多的消费者，从而促进当地经济和社会效益的提升。

近年来，随着科技的发展，传统的庙会活动形式正在发生着显著的变化。从线下到线上，再到线上、线下结合的新模式，这些变化不仅让庙会活动更加丰富多彩，也使得非物质文化遗产得到了新的生命力。"云游庙会"的出现是这一变化的典型代表。2021年，广府庙会便创新推出了"云游庙会"理念，通过线上逛庙会和线上、线下互动，增强了趣味性，吸引了很多的参与者。这种模式不仅是一次大胆创新，也为传统文化的传播提供了新的途径。此外，"央博新春云庙会"的举办进一步推动了文化数字化的发展。将传统文化与数字化手段深度融合，不仅为受众呈现了文化盛宴，还持续打造了数字非物质文化遗产民俗文化IP概念。这种创新不仅让传统文化在数字时代重获生机，也为非物质文化遗产的活化发展提供了新的途径。

2022年5月举办的第三届萧山乡村文化旅游节，以"线上直播+线下体验"的形式，在萧山临浦镇横一村开展活动（见图4.1）。此次活动属于"2022文旅市集·宋韵杭州奇妙夜"萧山分会场的一部分，通过直播连线古镇名村，带领大家云游千年古村进化镇欢潭村，聆听岳飞潭边饮马的故事，再到楼塔镇体验传统美食"十碗头"的色香味。同时，喜马拉雅电台也同步上线了"萧山乡村旅游专辑"，采录了萧山美丽乡村的多样声音，记录了风过田园、农民劳作、溪中浣洗的声音，自然声与人文声相辅相成。除了"云端"观赏开幕式之外，现场展销的丰润青梅酒、秋梨膏等萧山特色农产品也可以通过直播间购买，抽奖互动同步奉送，

图4.1　萧山乡村文化旅游节

（图片来源：作者团队拍摄）

酒店餐饮、住宿旅游券等福利应有尽有，给线上观众送出多重惊喜。

除了线上、线下结合的方式之外，庙会品牌的打造也可以借鉴如今老字号品牌年轻化的案例，吸取其经验，如杭州的国家级非物质文化遗产胡庆余堂中药文化的新传承。

胡庆余堂作为杭州著名的中医药老字号品牌，自1874年由胡雪岩创立以来，一直致力于中医药文化的传承与发展。近年来，胡庆余堂通过多种方式创新和拓展业务，不仅在传统中药领域精耕细作，还积极探索新的品牌营销模式，如通过微信公众号等新媒体平台加强与消费者的互动和服务。官方公众号"杭州胡庆余堂国药号"自开通以来，不断科普各种中药知识、养生知识等，并在公众号内提供了预约挂号、代煎配送等服务，方便用户获取信息和服务。此外，胡庆余堂还通过在抖音等其他平台上开设官方账号，以直播带货等方式推广产品。虽然整体观看量不高，但个别单品销售额可观，显示出其在年轻消费群体中的影响力。在品牌创新方面，胡庆余堂还积极探索跨界合作和新产品开发。例如，胡庆余堂在杭州河坊街大井巷开设了养生咖啡馆（见图4.2），将中医药文化与现代咖啡文化相结合，推出了多款中医药主题的咖啡饮品，吸引了众多顾客前往体验。这一创新举措不仅展示了胡庆余堂的历史传承和文化底蕴，也为消费者提供了新的消费体验。胡庆余堂作为历史悠久的中医药老字号品牌，不仅在传统中药领域提供着高质量的产品和服务，还通过新媒体平台、电商平台、跨界合作等多种方式创新和拓展业务，成功吸引了新一代消费者的关注，展现了老字号品牌的生命力。

如何打造年轻化庙会还需要从多个维度进行策略性

图4.2 杭州河坊街胡庆余堂咖啡店铺

（图片来源：作者摄于杭州河坊街）

调整和创新。例如，在文化融合与创新方面，深入挖掘传统庙会文化的精髓，与现代潮流元素相结合，创造出具有时代感的新庙会文化；或是举办主题庙会，如动漫庙会、国潮庙会等，吸引年轻群体的兴趣。在营销与宣传方面，利用社交媒体、短视频平台等年轻人常用的网络渠道进行广泛宣传，提高庙会的知名度和影响力；与网络红人（网红）等合作，凭借粉丝效应吸引更多年轻群体关注庙会。还可以将庙会环境进行改造，使庙会场地设计符合年轻人的审美需求，采用现代简约风格或国潮风格等，营造年轻、时尚的氛围。完善庙会设施，提供便捷的交通、舒适的休息区域以及多样化的餐饮选择，提升游客体验。加强互动体验，设立互动体验区，让游客在参与庙会活动的过程中，能够亲身感受传统文化的魅力，增强对庙会的认同感。鼓励游客分享自己的庙会体验，通过社交媒体等平台传播庙会的魅力，吸引更多年轻人参与。品牌跨界营销合作，让庙会与知名品牌或机构合作，共同举办庙会活动或推出联名产品，提升庙会的品牌价值和影响力。尝试跨界营销，如与电影、音乐、游戏等产业合作，为庙会注入更多新鲜元素。

杭州庙会品牌打造还体现在与宋韵文化的结合上。首先，通过举办各种以宋韵文化为主题的活动，如吴山庙会、宋韵文化节等，杭州成功地将宋韵文化的元素融入现代生活中，使市民和游客能够沉浸式感受宋韵文化的魅力。这些活动不仅包括传统的民俗表演，还涵盖了非物质文化遗产展示、艺术展览等多种形式，丰富了宋韵文化的传播途径和体验方式。其次，杭州在庙会品牌打造中十分注重宋韵文化的特色和发展。例如，通过"百县千集"工程建设，实现宋韵文化传承性转化和创新性发展；评定代表上城韵味的特色"宋"礼品牌产品，既激发了宋韵文化的活力，也为庙会品牌增添新色彩。邀请社会学、曲艺界等专业人士参与，挖掘故事文化价值，并通过现代艺术形式再包装，进一步提升庙会的品牌形象和文化内涵。此外，杭州还利用数字平台等新技术手段，探索宋韵文化与传统商业结合的新模式，如建立宋韵文化数字化平台，在更好地保护、传承宋韵文化的同时，也为庙会品牌打造提供了新的思路和方法。通过这些措施，杭州不仅成功地将宋韵文化与庙会品牌相结合，也使其成为推动地方文化旅游发展的重要力量。

打造庙会文化品牌，有助于更好地传承和展示传统文化，增强文化自信和民族凝聚力，并且能够吸引更多的参与者和观众，提升庙会知名度和影响力，促进经济发展，而且还有利于创新文化表达方式，满足现代人的文化需求。

4.2　庙会文化点亮夜经济和假日经济

文化与夜经济融合的发展历史源远流长，这一点在古代小农经济时期便已有雏形。在我国唐宋时期，文化与夜经济的结合便显露出显著特点，这在唐宋诗人的诗篇之中便有所描绘。

古时有成规模夜市的城市不多，而杭州夜市已举办得深入民心。唐朝诗人王建在《夜看扬州市》中写道："夜市千灯照碧云，高楼红袖客纷纷。如今不似时平日，犹自笙歌彻晓闻。"宋朝诗人陈舜俞在《中秋玩月宴友》亦写道："都人尤侈盛，时节惜芳佳。楼台延皓魄，帘幕去周遮。交错宴子女，嘈杂鸣箫笳。清影落酒盏，爽气侵巾纱。常明复置烛，掷果如散沙。"真是一派热闹繁荣的景象。明清时期，随着旅游兴盛、商贸繁荣，日市已满足不了商贾、游客、居民的需求，此时的夜市在南宋都城夜市基础上发展壮大。当时夜市主要分布在北新关、湖墅一带。夜市是衡量一个城市发展的客观重要标识，夜市盛况表明明清时期杭州经济发展已达到相当高度，也展示了城市生活的丰富多彩和文化底蕴。古时的北关一带就像是一面镜子，折射出市场兴盛、商贸丰沛、交通畅达、人口密集的杭州城（见图4.3）。

可见，古时民俗生活、地域文化与夜经济的融合是随着社会经济的发展和政策的变化而不断变化的。在古代社会，文化与经济的交织并非偶然现象，尤其在小农经济时代的中后期，古代文化与夜经济的融合逐渐成为一道独特的风景。这一融合不仅是商品经济发展到一定阶段的必

图4.3　明清杭城北关夜市

（图片来源：作者摄于杭州博物馆）

然产物，更是古代社会在物质文明与精神文明之间寻求平衡的一种尝试。首先，从历史进程来看，古代文化与夜经济的融合发生在小农经济逐渐成熟、商品交换日益频繁的背景之下。随着农业生产力的提高和市场的扩大，人们开始有更多的闲暇时间和可支配收入，夜经济应运而生。而古代文化，作为一种精神财富，为夜经济提供了丰富的内涵且提升了夜经济的吸引力。例如，在唐朝的盛世时期，长安城的夜市繁华景象就是古代文化与夜经济完美融合的例子。从融合程度来看，古代文化与夜经济的融合大多停留在物理形态上的融合性布局和简单相加。这种浅层次的结合并没有深入利益互嵌和生产方式创新的层面。尽管如此，这种融合仍然为夜经济的经营者带来了新的丰厚利益，如一些以古代文化为主题的夜市或文化活动，吸引了大量游客和市民，带动了相关产业的发展。从融合路径来看，古代文化与夜经济的融合主要是通过节庆日的带动以及场所重叠来实现的。古代社会重视节庆日，这些特殊的日子不仅是民众休闲娱乐的好时机，也是商家增加收入的重要节点。通过举办各种文化活动、演出和展览等，商家能够吸引更多的消费者，促进夜经济的繁荣。此外，一些文化活动频繁的场所，如寺庙、书院等，也成为夜间经营活动的热门地点。这些场所不仅向游人提供了丰富的文化体验，也为商家提供了与消费者直接交流的平台。

古代文化与夜经济的融合是一种独特而富有活力的现象。虽然这种融合大多停留在物理形态和简单相加的层面，但它仍然为古代社会带来了许多积极的影响。这种融合不仅丰富了民众的精神生活，也促进了商品经济的发展和城市的繁荣。同时，它也为我们今天探索文化与经济融合的新路径提供了宝贵的历史经验和启示。在现代社会，随着科技的发展和全球化的推进，文化与经济的融合已经变得更加深入和广泛。我们可以借鉴古代文化与夜经济融合的经验，探索更加高效和创新的融合方式。例如，利用现代科技手段打造具有文化特色的夜间经济项目（见图4.4、图4.5），吸引更多游客和市民参与；同时也要注重保护和传承传统文化，避免过度商业化对文化的侵蚀。

《2023年中国城市夜间经济发展报告》指出，2023年全国夜游市场规模达1.57万亿元，从数据中也可发现人们的夜间出游意愿达95%，由此可见夜经济的发展前景良好。而庙会可以通过丰富文化娱乐活动、打造特色美食街、推广手工艺品和文创产品、营造浓厚的节日氛围以及加强宣传和推广等方式提高"夜经济"的活跃度和发展水平。

近些年，假日经济与文化活动的结合也呈现出越加积极的态势。随着人们生活水平的提高和消费观念的转变，越来越多的人愿意选择在节假日期间参与各类文化活动，享受精神文化层面的消费。2024年的春节，打卡博物馆、寺庙、文化遗址等历史文化场所，成为春节出游的一大亮点。多家旅游平台的大数据显示，春节期间"博物馆热"持续升温，故宫博物院、南京博物院等文博机构人气爆棚。文物上新、新文创出炉、新春特展与观众见面，传统与现代交织，人们在与文物的近距离接触中，感受传统历史文化的浸润。

文化活动在假日商业经济中起到了越来越重要的作用。各地纷纷举

图4.4　2024年湖州长田漾游乐会夜市

（图片来源：作者摄于湖州长田漾湿地公园）

图4.5　慈溪元宵庙会夜市

（图片来源：作者摄于宁波慈溪古镇）

办各种文化节庆活动，如庙会、音乐节、艺术节等。这些活动不仅丰富了人们的假日生活，也为当地经济带来了可观的收入。春节期间，各地庙会、灯会等传统文化活动吸引了大量游客，带动了餐饮、住宿、购物等相关产业的发展。同时，假日经济也为文化活动的举办提供了强大的支撑。随着假日经济的不断发展，商家和政府部门更加注重文化营销和文化创意，将文化活动与商业活动有机结合，形成了一种新型的消费模式。例如，一些商业街区在节假日期间推出特色文化主题活动，吸引消费者前来体验和消费。

据杭州市商务局有关数据知，根据对杭州商场、超市、汽车、餐饮、住宿等行业的监测统计，节假日期间，杭州全市各类文化消费高潮迭起，利用文化促进消费成为新时尚。如在2021年"十一"黄金周这一时间段，60家样本企业总共实现了营业额12.4亿元，同比增长21%，比2019年增长29%，两年平均增长13.5%；客流量同比增长9%[1]。回溯至2020年8月，在国家大力发展夜间文化和旅游经济、促进文旅市场复苏的大背景下，杭州举办首届"2020文旅市集·杭州奇妙夜"活动，吸引游客量达11.8万人次，拉动消费3 008万元人民币。这成为杭州文旅迎逆势、促发展的创新举措之一。2022年6月，"2022文旅市集·宋韵杭州奇妙夜暨文旅消费季"作为杭州市的城市文旅IP品牌活动，以宋韵文化深度表达和创新诠释为核心，呈现城市历史文化新魅力，让游客轻松感知宋朝独有的"风雅处处是平常"。

杭州传统庙会是杭州民俗文化的古老载体，可以说是民俗文化的一个剪影，也是一个时代经济文化发展的缩影。杭州传统庙会的历史起源和发展过程体现了其深厚的文化底蕴和丰富的社会活动。例如，吴山庙会最早起源于对伍子胥的祭祀仪式，据《西湖志》《梦粱录》等史料记载，至迟到南宋年间已成规模，距今已有800余年的历史。吴山庙会作

---

① 《就地过节引领假期消费"新姿势"杭州60家样本企业累计实现销售额12.4亿元，同比增长21%》，见《杭州日报》，2021年10月7日。

为杭州规模最大、历史最久的庙会之一，其创立的初衷是为了纪念春秋末期吴国大夫伍子胥，因此建立了吴山的第一座庙宇伍公庙。此后的2 000多年间，寺庙庵观越来越多。此外，临安区太阳村东平王庙的太阳庙会也起源于南宋时期，延续至今已有近千年历史。在发展过程中，杭州庙会不仅仅是一种宗教仪式或祭祀活动，它还逐渐演变成集发展贸易、娱乐身心、促进社交、繁荣艺术等多种功能于一体的综合性社会活动。吴山庙会就是一个典型的例子。1985年5月，杭州第三届艺术周恢复了吴山庙会，1992年起不定期举办吴山庙会，2004年清河坊历史街区管委会正式承办庙会，推动吴山庙会走上良性发展的道路。吴山庙会是杭州人民庆祝新年的重要活动，每年"闹新春"活动都能吸引无数游客，河坊街夜市也热闹非凡，被称为"杭州晚上最热闹的地方"，大大活跃了杭城夜经济。这一历史变迁反映了杭州社会经济和文化的发展变化。

如今的庙会越来越多地得以展现节日文化市场的繁荣，但在庙会的内容创新上还滞后于现代人的文化需求。从大量调研中发现，过去的庙会存在如下问题。

（1）商业气息过于浓厚、文化元素的缺失。

随着现代社会的发展，一些传统的庙会已经逐渐消失，取而代之的是一些商业化的活动。这表明庙会在发展过程中，越来越多地融入了商业元素，可能会导致其原本的文化内涵和纯粹性受到影响。

（2）缺乏地方特色。

尽管杭州的庙会历史悠久且数量众多，然而它们未能塑造出自身独具特色的风格。其中一项主要的制约因素在于缺乏创新，致使内容和形式趋于雷同。根据搜索获得的文献资料，我们发现庙会文化需要与时俱进，结合节日休闲娱乐的特性，探寻符合当代人们多样化、新奇性、高品质文化需求的趋势，从而实现文化的转型升级。此外，庙会商品种类相对单一、相似度较高等问题亦需要通过项目策划加以解决。无论是内容创新抑或是形式创新，都需要有更高水平的策划者参与，深度挖掘各个庙会的传统特色。吴山庙会作为杭州规模最大、又具特色，且历史最悠久的庙会，四季常开，在江南一带素来享有极高的声誉。这间接证明了杭州的庙会拥有其独特的文化和历史价值，同样也反映出即使是拥有长久历史和深厚文化底蕴的庙会，也需要不断进行创新和发展，才能顺应现代社会的需求和审美。为打破同质化，引入新鲜活力和创新元素至关重要。例如，琅琊山庙会通过将非物质文化遗产、美食、文化创意等元素融合在一起，举办各类民俗表演、文体娱乐、商业展销、人才招聘等活动，迎来了众多游客的踊跃参与。这种创新不仅增强了庙会的吸引力，而且还为地方文化的传承和发展提供了新的机遇。

2024年，为促进杭州文化消费，提升庙会文化品质，杭州诸多地区对庙会形式进行了调整，如缩短庙会时间、增设文化主题、采取"定向邀请"、增强沉浸式文旅体验等。这些调整不仅没有减少人们对于逛庙会的热情，反而得到了大多数市民的好评，更促进了杭州假日经济的繁荣。

4.3　庙会文化提升文旅新活力

文化与旅游一直不是各自孤立发展的两条线，前者是后者发展的深厚根基，而后者则是前者繁荣的重要辅助。这两大相辅相成的产业可通过整合创造持久的社会效益和经济价值，进而推动地方城市的发展。习近平总书记在文艺工作座谈会上提到，要向世界宣传推介我国优秀文化。地方文化作为中华文化的重要构成要素，其因独特的地域特色而更易引人注目；因此地方文化研究显得至关重要。为了传承优秀文化传统，传递地域文化精神，打造地方文化品牌，推动创新型文化强省、强国建设，实现中华文化的对外传播，提高中国的国际影响力，我们需要采取一系列具体措施。2018年3月，国家文化部与国家旅游局正式合并为中华人民共和国文化和旅游部，旨在推动文化事业、文化产业和旅游业融合发展。此后，国家文化和旅游部陆续发布了《"十四五"文化和旅游发展规划》等一系列政策文件，从国家层面上推动文化和旅游两个行业的深度结合与创新发展。如今，市集已不再仅是商品销售的场所，它已成为兼具娱乐、购物、社交等功能于一体的多元空间，通过挖掘多种新型消费场景以满足人们不断变化的需求。

庙会作为中国古老的传统民俗文化活动，近年来在助力增强文旅新活力方面发挥着越来越重要的作用。庙会不仅承载着丰富多彩的传统文化内涵，还通过与现代旅游产业的结合，为文旅市场注入了新的活力。首先，庙会作为传统文化的展示平台，为游客提供了重温传统、体验民俗的机会。庙会上的舞狮、舞龙、猜灯谜等特色活动，以及各种传统文化表演和手工艺品的展示，都吸引着大量游客的注意力。这些项目不仅令游客得以深刻体验传统文化的魅力，还推动了传统文化的传承与发展。此外，庙会也促进了旅游业的繁荣兴旺。随着节日经济的蓬勃崛起，越来越多的群众选择在节假日参与庙会活动。这不仅有力地推动了当地餐饮、住宿、交通等旅游关联产业的发展，而且提升了当地的声誉。与此同时，庙会也为商家创造了一个展示和销售特色产品及手工艺品的平台，进一步激发了旅游业的繁荣发展。此外，庙会还通过创新活动形式和内容，为文旅市场注入了新的活力。一些地方的庙会活动不仅保留了传统元素，还融入了现代科技和文化创意，使得庙会活动更加具有吸引力和创新性。例如，利用VR技术让游客体验传统手工艺制作过程，或者举办传统文化与现代艺术相结合的展览等，都为游客提供了全新的体验。最后，庙会还通过举办一系列文化交流和推广活动，促进了不同地区之间的文化交流和合作。这不仅推动了文化的多样性和包容性，也为文旅市场的发展提供了更广阔的空间和机遇。

西湖之美，因杭州而盛，杭州亦凭西湖闻名。自古以来就有"天下西湖三十六，就中最美在杭州"的说法。1982年，以西湖为主体的西湖景区作为首批国家级风景名胜区之一，得到了国务院的正式确认。杭州西湖景区主要由环湖景区、北山景区、凤凰山景区、吴山景区（见图4.6）等九大部分组成，但是各景区在文化元素的深度挖掘、主题特色的精心铸造，以及游客流量的合理分配方面，仍然存在着进一步上升的空间。对于西湖环湖景区来说，大多历史建筑和街区业态以商铺为主，旅游纪念品的展示也较为生硬，游客无法沉浸式体验西湖文化。将西湖文化与庙会融合，着重打造非物质文化空间可以提高游客在西湖的体验感。举例来说，西湖文化中有一类较为重要的元素——名人。唐代政治家李泌、茶学家陆羽，北宋著名文学家苏轼、词人李清照、民族英雄岳飞，明代名臣于谦等都曾在这片土地上留下浓墨重彩的一笔。以此为核心设计活动，可以庙会的形式拉近游客与历史人物的距离。加强其非物质文化吸引力，而不仅仅以物质景观吸引游客，增强游客精神文化层面的体验感。为了提升游客的体验感，可以植入形式多样的展陈、展演、体验形式，优化非物质文化遗产的展示空间，同时结合现代展示设计的理论及方法，更新展示方式，营造展示空间意境。例如，运用动静交融的设计理念，弥补传统静态展示对项目文化内核介绍与文化价值传承的局限性；利用VR产品的互动特性，把握非物质文化展示特色与用户体验关键因素，实现非物质文化的数字转化与实体展现相融合。或者举办以"品千年古韵，鉴唐昌余味"为主题的河桥庙会等活动，展示杭州深厚的历史文化底蕴以及非物质文化珍贵遗产。又如，西湖传说的名

图4.6　杭州吴山景区街景

（图片来源：作者摄于吴山景区）

山、名水、名人，诸如白娘子传奇、梁山伯与祝英台的故事等，也都构成了西湖非物质文化的重要内容，可以通过讲故事的方式在西湖周边的历史建筑和街区加以宣传。这些活动不仅提升了游客的文化体验感，同时也推动了当地文化旅游产业的繁荣。

对于灵竺景区的法喜寺来说，其知名度与影响力远远不如灵隐寺。法喜寺一直以来便以"求姻缘"吸引着众多年轻游客，打卡形式包括大雄宝殿祈福、求御守（护身符）（见图4.7）、吃斋饭、拍照，内容较为单一，因此可以借助庙会的形式加强宣传力度。

月老庙会曾经是杭州城的一大盛事。古时年轻男女常于月老庙会期间虔诚地求月老帮忙，祈求有一桩好姻缘。如若以"喜求

图4.7　杭州灵竺景区庙会御守

（图片来源：作者摄于灵竺景区）

姻缘"的IP形象打造月老庙会，增设红绳系树、月老牵线等传统活动，发放类似名片的良缘卡，增加男女游客的互动，并邀请媒体进行宣传，将吸引更多的游客前来打卡，促进各景区的均衡发展。

吴山乃民俗艺术的广阔舞台，吴山庙会自南宋时期便已然盛行并持续至今，历经数百载风雨。吴山庙会以吴山庙为核心，早在明朝隆庆年间便已有所记录。如今，历经沧桑的吴山庙重新焕发生机。通过融合民俗活动与商业贸易，推动本地经济、文化的繁荣发展，吴山庙会已然成为当地一张重要的文化名片。庙会上的书画售卖、庙台戏曲演出、歌谣演唱、杂技展示，以及片儿川、脆皮玉米等特色美食，都是杭州民间文化的生动体现。吴山庙会不仅代表着杭州城市风俗民情的核心传统民俗活动，更是被浙江省人民政府纳入浙江省级非物质文化遗产保护名录。吴山庙会汇聚了民间艺术、宗教信仰、物资交流与文化娱乐等多元化元

素，构筑了一个既蕴含传统文化又体现地域民俗的综合文化品牌。在近几年中，吴山庙会通过引入新颖的活动形式和内容，例如老街巡游、祈福拜年、迎财送宝等环节，吸引了众多市民与游客的广泛参与，进而成为具有浓郁杭州特色的文化品牌。这些活动不仅传承了深厚的传统文化精神，同时展现了清河坊南宋皇城小镇的独特风貌，进一步扩大了吴山庙会的知名度和影响力。吴山庙会的成功举行，对推动当地社会经济的发展产生了积极影响。借助庙会这个平台，当地政府得以有效地整合吴山地区丰富的文化遗产、自然景观以及民俗风情等旅游资源，打造出地方特色文旅产品，丰富游人的旅游体验，推动地方文化产业的创新发展。此外，大量游客的涌入也为当地带来了显著的消费增长，涵盖餐饮、住宿、购物、娱乐等多领域的开销，直接拉动了当地经济的发展。更为重要的是，吴山庙会还具有广泛的传播效果。通过传媒宣传和网络传播等途径，庙会的影响力迅速扩散，吸引了更多国内外游客前来参观，这既提升了吴山地区的知名度，更为塑造地方文化的自信以及影响力注入了新的活力。因此，吴山庙会不只是满足了人们的精神需求，更是成功地传承和发展了自身的文化，成为一个深受本地人民喜爱，同时具备鲜明时代特征、丰富文化内涵及显著地域特色的文化品牌。

4.4 新潮文化与传统庙会的完美融合

随着社会的飞速发展和时代的变迁，庙会这一具有深厚历史底蕴的活动形式也在不断地推陈出新，以迎合当代人的审美和需求。特别是为吸引作为当下主要消费群体的年轻人，庙会的创新显得尤为重要。通过融入时尚、音乐等新颖元素，庙会活动展现出新的生命力和活力，不仅引起了众多年轻消费者的关注，更推动了各类文化产业的协同发展。

庙会在我国有着深厚的历史沉淀，作为民间文化的重要分支，自古以来就备受瞩目。然而，随着时代发展，传统庙会形式已无法满足当代社会的需求。因此，将新潮文化融入庙会活动，成为一种必然趋势。这种融合不仅保留了庙会的传统文化内涵，还增加了时尚元素，使之更符合当代年轻人的审美趣味。例如，开展与汉服相关的活动、设置展台，吸引汉服爱好者前来游玩。此外，还可以设置时尚互动体验区，让游客亲身参与时尚搭配、化妆造型等活动，提升他们的时尚体验感，并安排身着古装的NPC（非玩家角色，此处身份类同导游，下同）与游客进行实时互动，提升游客的体验感（见图4.8）。这些NPC不只是角色扮演，更是历史文化的传递者和互动体验的引导者，令游客身临其境感受历史场景氛围。或是设计相关桌游，将庙会文化以游戏的方式呈现，增加趣味性，吸引年轻群体的参加。集章打卡近年来也成为增加集市流量的热点。同程旅游数据显示，2023年与中秋国庆假期相关的热门旅游关键词中"盖章"一词位列热门旅游

图4.8　2024年湖州长田漾赏花会古装沉浸式活动

（图片来源：作者摄于湖州常田漾）

搜索主题第二位，仅次于"自驾"一词，可见"集章"的魅力所在。游客在集章的同时也可以了解印章背后的文化内涵所在。同时印章也可以成为联动线上、线下活动的工具。游客在线下集章后可以通过自媒体的方式传至互联网上吸引更多流量。

　　2024年湖州长田漾赏花会活动中，根据诗歌、诗人、景点描绘设计印章打卡等环节令游客耳目一新，增加了游客参与度与体验感。在集章完成后，游客也可根据章数兑换奖品，如品尝国风茶饮，享受新生代国潮茶饮的时尚风味。在游园庙会的空间打造上，主办方设置了诸多可供互动的场所，如绿间茶亭、溪山食肆、夕月茶台、画舫茶厢、目回茶室等诸多饮茶观景地，方便亲子嬉戏、围坐品茶、享受自然惬意时光。庙

会文创也可与青年设计师产生联动，在小物品上设计出具有时代感和青春感的香囊、灯笼、庙会贴纸等（见图4.9）；服装和庙会IP也可加入新潮元素，将现代风格元素与传统庙会形象结合，打造洋溢着青春感的庙会视觉形象；音乐产业则可以通过庙会现场的演出、音乐比赛等活动，发掘和培养音乐人才，推动音乐产业的发展。新潮文化与传统庙会的交融，不仅使得庙会活动焕发了新的生机，更能为各类文化产业的共同发展注入新的活力。这种跨越领域的融合，既保留了传统文化的精华，又融入了现代元素，成为连接新旧两代的桥梁，不仅带有浓厚的历史沉淀，更散发着清新的时代气息。在迈向未来社会发展的道路上，这种交融将更加深入，能为传统文化的传承与发展注入崭新的动力。

图4.9　2024年湖州长田漾赏花会非物质文化遗产手工创意市集

（图片来源：作者摄于湖州常田漾）

4.4.1　庙会文化与时尚文化等的融合与发展

在当今社会，音乐节和时装秀等大型户外演出活动已经成为丰富年轻人精神生活的一部分。这些活动不仅具有极高的社会和文化价值，同时也为经济发展注入了新的活力。与此同时，庙会作为一种传统的精神文化服务产业，也在不断地寻求与现代时尚文化的融合与发展。

在现代社会的快速发展中，传统庙会文化面临着如何与时俱进、保持活力的挑战。为此，可以借助现代音乐节、时装秀等新潮活动，将庙会推广与这些现代元素紧密结合，形成一个交互的整体。打造这样一场大型户外活动，不仅能够吸引更多年轻人的参与，还能为庙会文化注入新的活力。现代音乐节和时装秀等活动的引入，使得庙会推广更加具有时代感和吸引力。这些活动本身就是年轻人热衷参与的时尚盛事，将它们与庙会相结合，能够激起更多年轻人的兴趣。例如，在音乐节上，可邀请当地知名音乐人进行带庙会元素的表演，吸引观众；在时装秀环节，可以展示具有庙会特色的服饰，让观众在欣赏时尚的同时，也能感受传统文化的魅力。同时，还可以通过搭建艺术与社会、旅游与大众的桥梁，为杭州庙会文化品牌注入多元化的内涵。此外，与当地旅游部门合作，将庙会作为当地旅游的一大亮点进行推广，吸引更多的游客前来参观。借助现代音乐节、时装秀等新潮活动，以庙会推广为核心，创造出一个充满活力、时代感的大型户外活动。与现代元素（活动）的融合，可以为浙江庙会文化品牌注入新鲜力量，让传统文化在现代社会中焕发更加迷人的光彩。

1. 庙会与音乐节、艺术节结合

音乐节作为一种大型文化活动，对当地经济和旅游业有着促进作用。首先，举办音乐节会吸引大量观众和游客，这些人的到来不仅能刺激当地的消费，还有利于酒店、餐饮、交通等相关行业的发展。其次，音乐节可以提高当地的文化形象，成为旅游宣传的重要卖点，进一步推动旅游业的发展。音乐节不仅能展示本地音乐产业的成果，而且可以促进本地文化产业的发展。如鄞江"十月十"庙会与它山银杏咖啡音乐节联合开展，打造融合风土人情与时尚新潮的庙会新生态。最后，音乐节是音乐产业的重要组成部分，对促进音乐产业发展有着重要影响。音乐节为音乐人提供了展示才华的舞台，可以帮助音乐人获得更多的关注和认可，促进其事业发展。音乐节还能促进音乐产业上下游之间的合作和交流，推动音乐产业的发展和创新。音乐节还为音乐产业带来更多商机和投资，为音乐产业的发展提供更广阔的空间。如图4.10所示为2024

图4.10　2024年湖州长田漾赏花会音乐会夜景

（图片来源：作者摄于湖州常田漾）

年湖州长田漾赏花会音乐会夜景。

音乐是吸引年轻消费者的一个重要因素。庙会主办方可以邀请当红的流行音乐歌手、乐队或组合进行现场演唱，让游客在欣赏精彩演出的同时，感受音乐的魅力。此外，还可以举办音乐比赛、音乐节等活动，让游客充分参与到音乐创作和表演中，提升他们的参与感和归属感。在设计音乐节环境时，可将非物质文化遗产艺术装置与新式灯光艺术结合，打造主题庙会氛围[1]。时尚和音乐的融入，使庙会不仅吸引了更多年轻消费者的关注，还为他们提供了丰富多样的文化体验。同时，这种融合也为各文化产业带来了新的发展机遇。例如，时尚品牌和设计师可以通过与庙会的合作，扩大品牌影响力，拓展市场份额。

从消费者的角度来看，音乐节、时装秀和庙会等文化活动的共同目

---

[1] 王玲.艺术教育视域下音乐节的文化价值与市场影响：评《现代中国音乐产业的发展与运营》[J].国际贸易，2023（12）：98.

的是满足人们的精神消费需求。这些活动不仅仅是种娱乐方式，更是人们寻找心灵寄托和体验不同生活方式的机会。例如，涡阳老子庙会融入了新能源汽车展销、普法宣传等时尚新元素，吸引了大量群众参与，体现了传统文化与现代经济的相互融合。同样，上海龙华庙会通过推出各种融合创新的活动，成功吸引了年轻受众。这些例子表明，无论是音乐节还是庙会，它们都在不断尝试将传统元素与现代元素相结合，以吸引更多的人参与。从组织形式来看，音乐节等活动的成功举办不仅吸引了大量观众的参与，也为举办方带来了可观的经济效益。音乐节的经济收益主要源于门票销售收入以及赞助商投资收益等多个层面。除此之外，音乐节亦可吸引大量观众和游客，对当地的经济产生一定的促进效应。这种成功的商业模式为庙会的发展提供了丰富的经验及启示。庙会还可以通过与音乐节或时装秀等活动的深度合作，提升自身的知名度和影响力，吸引更多的群众参与，从而提升经济效益，实现自身的可持续发展。从举办地的角度来看，音乐节和时装秀等活动的成功举办，同样对当地的经济社会发展做出了积极贡献。这些活动能够吸引投资者的注意力，促进资本流入当地市场，推动当地经济的繁荣昌盛。同时，这些活动也能够增强举办地的知名度和声誉，吸引更多的游客前来参观游览。庙会作为当地的一种传统文化活动，可以通过与音乐节、时装秀等活动的紧密合作，推动当地旅游业的蓬勃发展。

音乐节、时装秀和庙会等文化活动通过满足人们的精神消费需求，促进了文化的传承与创新。这些活动的成功举办既为举办方带来了可观的经济效益，又对当地的经济社会发展产生了积极影响。因此，庙会与音乐节、艺术节的融合发展是个双赢的选择（见图4.11）。

2. 庙会与小众文化结合

互联网使得小众文化的力量得以迅速凝聚，形成了广泛的传播效应。在少数民族文化传播以及非物质文化遗产传承方面，藏族小伙的走红使西藏独特的民俗风情被大众关注。2023年春节前后，多地文旅局局

图4.11 宁波鄞州区春节庙会音乐节

（图片来源：作者团队摄于宁波鄞州）

长身着当地民族服饰，拍摄短视频以宣传本土文旅。同时，抖音、哔哩哔哩（简称B站）等具有较大规模和影响力的社交媒体平台及其用户也纷纷加入非遗文化的传播与创新工作中。中华传统文化爱好者能够在网络中接触到大量、实时的资讯，并通过微博超话、平台广场、豆瓣小组等渠道，实现小众文化爱好者的聚集与交流。

近些年，互联网为青年群体提供了自由表达的平台。譬如汉服文化及古玩文化的复兴现象，正是源于年轻一代在其个人兴趣爱好的驱动下，借助网络社交的热络氛围，将这些原本属于小众范围的爱好推向公众领域，实现跨界的传播和交融。这不仅推动了文化产业的繁荣，同时也有利于优秀历史文化的传承。中国青年文化展示出回归传统的趋势，在这之中，汉服文化成了一个显著的范例。汉服热带动了相关产业的发展，一方面出现了一系列与传统文化、服饰知识相关的培训班，另一方面拓宽了汉服市场和销售渠道。2016年，第三届中国大运河庙会上举办的中外Cosplay（角色扮演）时装秀，更是将二次元文化和传统文化相结合，对青少年群体构成了极大的吸引力。西湖文化庙会与小众文化结合，可进行主题设定与活动策划，根据小众文化的特点为庙会设定相关主题，如动漫、古风、摇滚、街舞等，以吸引感兴趣的人群，然后策划一系列与该文化相关的活动，如动漫角色扮演、古风舞蹈表演、摇滚音乐会、街舞大赛等，提高游客的参与度。或是建立文化展示与互动体验区，展示与庙会主题相关的小众文化产品、艺术品和手工艺品，让游客近距离感受小众文化的独特魅力。亦可设计如DIY手工艺品、角色扮演体验、文化沙龙等环节，让游客能够通过庙会体验各种不同文化。在线上也可通过宣传推广与品牌合作，利用社交媒体、短视频平台等渠道，广泛宣传小众文化与庙会的结合，吸引更多年轻群体的关注。

3. 庙会与国潮结合

庙会，作为中国传统民俗文化活动的重要组成部分，它不仅是人们祈求风调雨顺、五谷丰登的场所，也是传承和弘扬中华优秀传统文化的重要载体。而国潮文化，以中国传统文化元素为基础，融入现代时尚元素，展现出现代中国人热爱生活、追求个性、崇尚传统的精神风貌。国潮文化涉及的领域广泛，包括时装、鞋帽、家居、文化艺术、音乐、食品、旅游等，成为推动文化创新和经济发展的重要力量。近些年，许多庙会相继与国潮相结合，推广庙会文化的同时也吸引了许多年轻群体。

诸多庙会相继以"潮玩元宇宙"这一大类为主题，以文化惠民为主旨，汇集主题灯展、精品展览、文艺演出、仿古祭祀、游喜神方等精彩活动，在延续往届大庙会传统项目的基础上，充分运用了潮流科技的时尚元素，以"文化+科技"为游客带来数字文化新体验。例如，将对馆藏文物、民间遗存实物的调查成果转化为形式鲜活的庙会活动元素；充分运用科技手段，将AR重塑技术与传统制灯工艺结合，打造灯彩、灯光秀叠的炫丽场景。游客可通过手机扫描二维码，在数字人导游（NPC）的带领下，穿越时空，掌上观灯。

杭州作为国内互联网发展的前沿城市，汇集了来自各地的年轻力量，可通过庙会结合国潮的形式吸引年轻群体。首先，庙会活动可以融入国潮元素的设计。例如，庙会摊位可以采用国潮风格的装饰，运用中国传统色彩和图案，并结合现代简约设计，打造出既传统又时尚的氛围。庙会上的各种道具、服装、饰品等也可以运用国潮元素，让游客在参与活动的同时，感受国潮文化的魅力。其次，庙会可以举办国潮文化展示和体验活动。例如，设置国潮文化展览区，展示国潮服装、饰品、文玩艺术品等，让游客近距离感受国潮文化的独特魅力；还可以开设国潮文化体验课程，邀请专业人士教授国潮服装搭配、国潮妆造设计等技巧，让游客亲身体验国潮文化的魅力。再次，庙会还可以结合国潮音乐、舞蹈等表演形式，为游客带来视觉和听觉的双重享受。例如，邀请国潮乐队、歌舞团进行现场表演，或者举办国潮主题的歌唱比赛、舞蹈大赛等，让游客在欣赏表演的同时，感受国潮文化的活力和文化底蕴。最后，庙会还可以推广国潮品牌和产品。例如，设置国潮品牌展区，邀请知名品牌和设计师展示他们的国潮产品，让游客了解并购买这些具有中国特色和时尚感的产品。这不仅有助于推广国潮品牌和产品，也能为庙会增添更多的商业气息。

除了与音乐、小众文化以及二次元结合外，庙会也可以借助摄像摄影的方式扩大宣传。一方面利用视频素材，设计影像回顾展，运用电影数字胶片的方式带观众回首以往庙会的风貌以及精彩瞬间。例如，2024年2月，北京地坛公园神库西殿举办了"岁月欢歌——地坛春节文化庙会影像回顾展"。另一方面，可以举办主题摄影竞赛，组织以庙会为主题的摄影大赛，激励游客利用摄像机捕捉庙会的精彩瞬间，并通过社交媒体发布分享，以此提高庙会的知名度和影响力。近年来，体育赛事亦逐渐成为年轻人关注的焦点。有鉴于此，可在庙会中举办棋类比赛、投壶、抽陀螺或竞技比赛等娱乐活动，加强游客间的互动交流，提升大众对庙会的参与热情。此外，还可以开展网络直播与互动，通过网络平台展开庙会活动的实时直播和互动，邀请网红、博主等进行现场直播，吸引更多在线观众关注和参与，以拓展庙会的影响力。

庙会文化与时尚文化的融合与发展，不仅是对传统文化的一种创新性传承，也是适应时代发展和满足现代人多样化需求的必然选择。通过分析搜索到的资料，可以看出这种融合已经在中国各地的庙会中得到了广泛的应用和实践。如中国新闻社的报道称，中国老庙会注入时尚元素后，传统年俗焕发新生。这表明，将时尚元素融入庙会，不仅能够吸引更多的年轻人参与，也能够让传统文化在现代社会中继续流传和发展。同时，通过引入科技风、高端 IP、创意主题等现代元素，庙会的转型升级实现了内容和形式上的多元化融合。例如，北京庙会引入冰雪体育、国风电竞等新玩法，打造了多元融合的新庙会。这种创新不仅丰富了庙会的内容，也为参与者提供了更加丰富多彩的体验。此外，庙会文化的创新性发展，还体现在对传统民俗活动的整合与创新上。现代科技元素与传统文化的嫁接，使庙会从形式到内容都变得生动了起来，实现了不断创新。这种创新不仅让庙会文化更加丰富多彩，也使其能够更好地适应现代社会的发展需求。庙会经济的发展，也显示了文化与时尚融合的巨大潜力。随着消费升级，人们更注重消费体验，富有文化味儿的庙会消费场景能激发消费者的消费意愿。这说明，庙会文化的创新与发展，不仅能够促进文化的传承和推广，也能带动当地经济社会的发展。

庙会文化与时尚文化的融合与发展，是一种符合时代潮流的必然趋势。通过借鉴音乐节、时装秀等活动的成功经验，庙会可以实现自身的转型升级和持续发展。同时，这种融合也为当地经济社会发展带来了新的机遇和挑战。我们应该积极推动庙会文化与时尚文化的融合与发展，为传统文化注入新的活力和魅力。

4.4.2　庙会文化与地域文化、商业资源的融合与发展

庙会文化与地域文化、商业资源的融合与发展，是一种相互促进的过程，彰显了地域特色、文化内涵以及商业需求三大元素的相互影响，最终达到文化与经济的协同共赢。

庙会与地域文化的结合，体现出深远而全面的价值。作为中国传统的民俗文化活动，庙会的产生和演变伴随着民间信仰活动而发展，同时也是集市贸易的一种典型形式。而地域文化则是指中华大地各个地域的历史悠久、特色鲜明，并依然活跃传承着的文化传统。这两者的结合，既丰富了庙会的内容和形式，又提升了地域文化的传承与发展水平。首先，庙会作为一项民俗活动，为地域文化的展示提供了舞台。在庙会上，人们可以观赏精彩纷呈的地域特色演出，品尝地域特色美食，感受各地的风土人情。这种直观、生动的展示历程，使参与者能够更深层次地理解和感悟地域文化的独特魅力。其次，庙会的举行有利于推动地域文化的传承与创新。庙会活动常常包罗万象，包括了丰富多彩的民间艺术表演、手工技艺创作等元素，这些都是地域文化的重要组成部分。通过参与庙会活动，人们不仅能够学习和传承这些传统文化技艺，还能够在此基础上进行创新和发展，推动地域文化的持续发展。再次，庙会与地域文化的结合还有助于促进文化交流与民族团结。庙会吸引了来自不同地域的众人齐聚一堂，为人们搭建了一座互相学习、交流的桥梁。通过举办庙会，不同地区的文化得以相互交流、交融，从而深化了各民族间的友谊。最后，庙会与地域文化的结合同样具有经济价值。庙会的举办能吸引大量的游客和商家参与其中，为当地经济带来可观的收益。同时，庙会也成为地方文化的一张耀眼名片，提升了地区的知名度和影响力。

1. 文化与商业深度融合

庙会通过设置展演区、非物质文化遗产区、灯会区、美食区和商贸区等功能区域，将传统文化与现代产业相结合，实现了文化资源与商业资源的有效结合。这种融合不仅丰富了庙会的文化内涵，也为商家提供了展示和销售产品的平台，促进了商业活动的发展。

2. 利用现代技术推动"文商旅"融合发展

例如，广东佛山的塔坡庙会借助"互联网+"的力量，将历史文化资源与商务资源串联起来，并通过线上引流带动线下商业消费。这种方式不仅扩大了庙会的影响力，也使得更多的商业巨头看到了祖庙（街道）商圈在文商旅融合中的重要作用，催生了更多跨界融合和创新的可能性。

3. 促进地方经济和文化的展示

庙会作为商旅文融合发展的有效载体，展示了地方和国家的经济、文化。通过庙会这一平台，有关机构、组织可以有效地推广地方特色产品和服务，吸引游客和消费者，从而带动当地经济的发展。

4. 创新民俗活动体验模式

通过创新民俗活动体验模式，探索泛旅游新形式，打破城市资源限制，为庙会的整体商业发展规划及探索商业合作模式提供了新的思路。这种创新不仅丰富了庙会的内容，而且为商业发展开辟了新途径。

杭州素有"丝绸之府"的美称。举办融合时装秀元素的庙会活动时，需要深度融入丝绸文化元素，以便让游客能够更加直观地领略杭州传统手工艺的独特魅力。这恰与庙会宣扬本地文化的核心宗旨相契合。此外，还需与当地丝绸商铺（见图4.12）展开更为紧密的合作，凸显品牌优势。

图4.12　杭州河坊街丝绸商铺

举办融合音乐节元素的庙会时，需广泛借鉴各类音乐元素，不仅可以邀约广受年轻群体青睐的流行乐队进行表演，而且还可邀请本土艺人为观众献上极具杭州地域特色的曲艺表演，打造一场传统文化与现代艺术的激烈碰撞，全面立体地展示传统文化与现代艺术的互动融合，推动文化的多元融合发展，使观众深刻感受杭州文化的开放性和丰富内涵。除看花灯、赏大戏、逛古镇外，还有一系列互动活动，如画糖画、捏糖人、做花糕以及外地几十种风情非物质文化遗产民俗美食，吸引游客游赏。

庙会通过文化与商业的深度融合、利用现代技术推动"文商旅"融合发展、促进地方经济和文化的展示、创新民俗活动体验模式，以及市场化运作与文化消费模式的创新等多种方式，有效地促进了地域文化和商业资源的融合与发展。

4.4.3　传承非物质文化遗产的庙会文化

非物质文化遗产是绵延不绝的中华文明赠予后代子孙的珍贵历史文化遗产，沉淀着深厚的民族底蕴，凝结了中华民族独特的血统、智慧、神韵和风度。党和政府始终高度关注非物质文化遗产的保护、激活及传承事宜。习近平总书记指出，"让收藏在博物馆里的文物、陈列在广阔大地上的遗产、书写在古籍里的文字都活起来，丰富全社会历史文化滋养"。

庙会是传承地域文化的重要载体之一，包含许多非遗文化与技艺，在一定程度上也会吸引很多非物质文化遗产手艺人。因此庙会也是帮助非物质文化遗产走向大众的一个重要市场和平台。例如，可将非物质文化遗产搬到庙会，加强双向互动，如让游客体验非物质文化遗产技艺（糖画、草编等），来提升人们对非物质文化遗产的认识。2024年湖州长田漾赏花游园会活动中，非物质文化遗产技艺"打铁花"精彩上演，闪烁的铁花在夜空中倾泻而下，如同绚烂的烟花雨，场面颇为壮观（见图4.13）精美独特的非物质文化遗产技艺吸引了许多市民，让更多人感受到非物质文化遗产魅力的同时也提升了庙会的影响力。画糖画（见图4.14）、吹糖人、做风车……每年的中国大运河庙会也通

图4.13 长田漾游园会活动中的"打铁花"表演

（图片来源：作者摄于湖州长田漾游园会）

图4.14 中国大运河庙会现场的糖画铺

（图片来源：作者摄于杭州运河文化街区）

过一场场非物质文化遗产技艺表演与摊位，串联起了杭州大运河沿岸的多个遗产点和历史街区。在庙会等民俗活动中亮相的非物质文化遗产向游客们展现了民族文化、商贸习俗、民间工艺等内容，丰富了中华民族的民间艺术宝库，为活跃人民群众的文化生活、提高民族自豪感和增强民族凝聚力发挥着重要作用。

非物质文化遗产包含了感性直观层面的元素，如构成特定社区的文化娱乐、民俗习惯、信仰仪式等，以及由技能技巧、历史传承构筑的生活模式和审美观。其中更重要的是在社会变迁、文化传承中熔炼、沉淀而成的精神价值，如群体象征意义、情感体验、文化认同、审美情趣等生动的文化内涵。非物质文化遗产的保护和传承，并非仅仅是技艺、历史的保留，更是一种文化和精神价值的传承。在现代社会，非物质文化遗产的活态保护和传承正面临新的挑战与机遇。通过亲身经历及技术实践层面的操作，"庙会＋非物质文化遗产"的模式可以有效地推动非物质文化遗产的活态保护和传承。在全球化及文化日益趋同的时代环境下，非物质文化遗产的表演和民间节日庆典活动成为重新唤起、构建当代公众生活情感，宣传契合情感的非物质文化遗产的重大机遇。这不仅利于非物质文化遗产的传承和发展，还可使非物质文化遗产融入公众的日常生活，进而在广大民众中挖掘家国情怀的力量。例如，"互联网＋"的方法可使非物质文化遗产产品、相关文化等的推广与传播普及化，推进非物质文化遗产进入公众生活的进程。此外，非物质文化遗产的活态保护强调了活态性与传承性的特点，即非物质文化遗产保护必须具备活态性与传承性的特点，以保证非物质文化遗产在当代社会中持续发展和传承。非物质文化遗产的保护和传承是一个复杂且多元的过程，需要我们从技艺、历史传承构筑的生活模式和审美观出发，深入挖掘非物质文化遗产的文化内涵，同时结合现代社会的发展需求，通过多种手段和渠道，实现非物质文化遗产的活态保护和传承。

庙会作为非物质文化遗产生存的特殊文化生态空间，其独特的艺术空间能够向公众全面展示非物质文化遗产的外在表现和深层精神内涵，再现、还原非物质文化遗产的形神、气韵、意境等，从而形成构筑主流文化和审美趣味的有影响力的文化氛围。这种文化氛围有助于培育主流文化趣味和意见体系，形成一种凝聚力，从而确保非物质文化遗产从文化根源上得到保护和传承。这不仅有利于个人和社会的美学教育，增强民族文化的认同感和归属感，还能满足民众日益增长的精神文化需求，构建高品质的精神文化生活。同时，一些非物质文化遗产项目引申出的品牌也能够通过庙会等活动让人们了解品牌背后的文化。

4.5　传统庙会文化的数字化传承与创新发展

过去，我们主要借助文字记载的方式来承担庙会文化传播的重任。然而，在新媒体技术的推动下，数字化和网络化的便捷、高效已经成为推动庙会文化传承的重要力量。借助数字化新媒体，我们能够梳理、呈现庙会文化的发展和变革，将庙会文化保护现状及其成果的前沿研究，通过网络等媒介传播到全球各地的受众眼前。通过这种方式，我们可以共享和交流庙会中的文化资源，实现海量信息的实时获取，推动建立一个有效、便捷的庙会文化交流体系，掀起一场庙会文化保护的革命。凭借数字化新媒介的强大功能，我们能够深度影响公众，培养他们的文化自觉意识，激励他们积极、主动地参与非物质文化遗产的传承与保护，而不仅仅是口头上支持。依托反应迅捷的新媒体平台，我们能够在线传播庙会的思想文化，让更多的人了解和接受庙会文化。通过庙会影像的数字化记录和传播，我们能够多角度地呈现声音、画面、文字以及主题等元素，不仅能记录庙会文化遗产的历史性，还可以全面、准确、直观地呈现其原生态、艺术特性、技术特征和表现手法。通过数字化传播，现代设备存储技术和复制方式极大地拓展了传播庙会文化的广度和持久性，这使得人们在保护庙会的活态形式时节省了大量资金和资源，且能更加简便地记录庙会中的各种显性符号。与此同时，对于历史久远的庙会文化的保护，数字化技术提供了声画同步的保护性整合。通过将庙会的数字化资料进行存储和复制备份，我们也可以对个别影像资料进行永久性保存。如此，既可以将其作为历史资料供后人查阅，又可以弘扬和传承大师级人物或普通传承者的精神风貌。当庙会文化符号成功地通过传媒设备进行声画采集并进行原始存储和后期加工剪辑后，就可以进行即时交互媒体的传播。即时交互可以让观众在体验新媒介的过程中最直接地感受庙会文化的魅力，从而大大提升庙会文化在传播过程中的公众参与度和保护过程中的活态存在感。随着数字技术的不断发展，这一特点预计将会得到进一步的发展和完善，这将会极大地增强非物质文化遗产项目的吸引力和传播范围。随着时间的推移，人们将会在生活的细微之处深感庙会文化保护和传承的重要性，进而达到传承和保护的目标。

近年来，我国对于非物质文化遗产的重视达到了前所未有的高度。在政策的引导和支持下，大量学者纷纷投身于非物质文化遗产的研究，他们深入挖掘、整理、传承中华民族的优秀传统文化，以期在全球化的大背景下提升民族自信。庙会，这一具有深厚历史底蕴的传统民俗活动，无疑是中华文化的瑰宝之一。它既是民族文化的特殊载体，也是我国集市贸易的一种形式，为人们提供了感受传统文化魅力的独特场所。然而，随着经济社会的飞速发展，特别是网络社会的崛起，群众的生活重心逐渐从线下转向线上，许多传统的庙会活动开始面临式微的困境。年轻人对于传统文化的兴趣逐渐减弱，传统庙会文化的传承与创新面临巨大的挑战。在这样的背景下，如何借助现代科技手段，让传统庙会文化焕发新的生机，成为摆在我们面前的重要课题。当前的数字科技已在一些非物质文化遗产的保护与传承过程中初见成效。众多的文旅机构及知名景点管理者已经意识到，数字科技在深化文旅结合、扩大观众参与度、塑造独特的非物质文化遗产消费环境等领域的影响力，利用诸如数位投影技术、虚拟现实（VR）、人工智能（AI）等新一代数字技术可打造出如数字非物质文化遗产、云庙会等品牌项目，取得可观的社会与经济效益。随着信息科技的高速发展，非物质文化遗产的保护与发展正逐步迈入数字化的时代。新媒体智能化技术与数字动画技术的融合，也有效提升了公众对非物质文化遗产的认知度。值得注意的是，人工智能技术，如自然语言处理、计算机视觉等的创造性运用，为非物质文化遗产的保护提供了全新的策略与途径。

目前，非物质文化遗产传承有着传承人数不足、传播形式有待提高以及宣传内容缺乏深度等问题。数字化技术（VR/AR技术）以其独特的优势能更好地解决这些问题。首先，VR/AR技术所独有的视听体验效果使构建一个高度逼真的虚拟空间成为可能。这种创新的形式有助于吸引大量年轻群体，带领游客走进非物质文化遗产的奇妙世界，进一步激发大众对于非物质文化遗产的理解欲望，从而推动非物质文化遗产的传承与发扬。其次，利用VR/AR技术所呈现的内容在形式上具备多样性，例如音频、视频、游戏以及沉浸式体验等，可以满足各类人群的需求和喜好，使得广大人民群众能够在非物质文化遗产得到保护的前提下，从多角度深入接触此类文化遗产。再次，VR/AR技术所特有的交互性大大提升了公众的参与度：那些遥远而又神秘的非物质文化遗产变成了触手可及的文化产品；过去只能通过屏幕或书籍了解的事物，现在可以亲身去体验。在互动过程中，体验者的主动性受到了极大的激发。最后，伴随着5G时代的来临以及国家对于虚拟现实技术的大力扶持，VR/AR技术无疑将迎来全新的发展阶段。虽然目前VR/AR技术在非物质文化遗产传播领域并无大规模运用，但国内已有部分非物质文化遗产项目开始尝试采用此技术进行传播，并获得了积极的反响。

非物质文化遗产的传承需要与时俱进，非物质文化遗产的传播也要有温度和质感，让非物质文化遗产活化，其对公众而言将变得触手可及。设想是美好的，然还有些情况需作如下说明。首先，VR/AR技术与非物质文化遗产的结合，要重视内容层面的精心打造，以更强的互动性和体验性来充分展现非物质文化遗产之精髓。其次，VR/AR技术有难题待解决。要将虚拟画面与真实环境融为一体，真假难辨，目前的VR/AR技术尚不能做到这一步。显示屏的分辨率、网络承载力、光学性能、方位跟踪系统的精度、数据刷新频率以及实时性等都还没有达到令人满意的水平。再次，用户穿戴头戴设备时的舒适度不高也是一直以来VR/AR产品饱受诟病的一点。另外不容忽视的一点是，VR/AR技术与非物质文化遗产结合制作内容，必须在不伤害非物质文化遗产项目的前提下进行。例如，在用VR/AR技术对非物质文化遗产敦煌壁画进行数字化复原时，前期的3D扫描、建模和数据采集必须在已对壁画采取保护措施的情况下进行。最后，公众对于虚拟现实技术的接受度还不是很高。实际上VR/AR技术在普通大众中的普及度并不高。很多人对VR/AR的印象还停留在游戏层面，还有些人因有过不舒适的虚拟体验而对VR/AR产品敬而远之。因此，若要通过VR/AR技术为非物质文化遗产的宣传起到正向作用，大众接受新技术的意愿高低也对事情的进展占有举足轻重的影响力。此外，前文已经提到目前非物质文化遗产传承人老龄化严重，很多传承人一直苦于宣传无门，且大都对新兴的VR/AR技术不甚了解，甚至不知道VR/AR技术能够帮助非物质文化遗产项目的传承。一直存在的信息差导致很多非物质文化遗产项目难以遇上合适的VR/AR内容制作者。

数字化技术的快速发展为非物质文化遗产的传承和创新带来了新的契机。通过数字化保护，我们可以将庙会等非物质文化遗产项目的文化内涵、历史价值、技艺特点等全面记录下来，实现非物质文化遗产的数字化存档和传播。这不仅为非物质文化遗产的保护、传承、创新及产业化发展提供了全新机遇，还为非物质文化遗产的守正创新提供了有力保障。在数字化技术的助力下，新兴的云庙会、数字化庙会、庙会直播等形式应运而生。这些基于"互联网+"的非物质文化遗产活态传承新形态，让人们可以在线上感受传统庙会的热闹氛围、体验传统文化的魅力。通过虚拟现实、人工智能等新技术的应用，我们可以模拟出真实的庙会场景，让参与者仿佛置身其中，感受浓厚的文化氛围。

例如，在重现庙会场景时，先利用3D扫描技术和摄影将建筑和人物进行数字化采集，获取物体的几何形状、纹理以及色彩等信息，再利用采集到的数据进行三维建模，并结合环境设计达到逼真的效果。当然，要实现数字化庙会的发展，需要我们不断探索和创新。我们应该充分利用技术优势，结合传统庙会文化的特点，打造出更加丰富多样的线上活动形式。同时，我们还需要加强对非物质文化遗产传承人的培训和支持，让他们在数字化技术的帮助下更好地传承和发扬传统文化。传统文化艺术的数字化传承与保护，需要先进的技术和设备支持。随着技术的不断发展和进步，数字化传承与保护的方式也在不断改进，为传统文化艺术的保护提供了更多的机遇。例如，通过数码显微技术、三维虚拟技术等数字化手段，可以解决手工修复无法完成的难题。此外，云计算、大数据等新技术的出现，为数字化传承与保护带来了更多创新性和可能性。数字技术的发展，能够实现对这些文化资源的数字化传承和保护，在很大程度上缓解了留存困难。敦煌研究院经过近30年对数字化保护的探索与研究，形成一整套针对不可移动文物的数字化关键技术和工作流程，实现了对洞窟的数字化保护。这表明，高精度的扫描设备、专业的图像处理软件等是实现传统文化艺术数字化传承与保护的关键技术。同时，云计算作为一项迅速发展的信息技术，被逐步应用到文化事业领域，并对非物质文化遗产的保护贡献了力量。大数据、云计算和人工智能技术，能够为我国非物质文化遗产保护和传承提供新的思路、办法，开创非物质文化遗产保护和传承新局面。这些技术的应用，不仅提高了信息采集、记录及保存的效率和质量，还促进了传统文化艺术的创新性展示和传播。

伴随着中国式现代化物质文明的高度发展，传统文化艺术的传承和保护面临着多样化的挑战。例如，文化价值的转变、新一代对传统文化的兴趣减弱等可能对数字化传承的适用性和传播造成困难。同时，传统文化艺术的保护与传承也需要适应社会环境的变化，与当代社会需求相结合。数字化传承与保护不仅可以在传统媒体上进行，还可以通过互联网、社交媒体等渠道进行广泛传播。这为数字化传承与保护提供了机遇，使更多人能够接触和了解传统文化艺术，也为传统文化的传承和发展带来新的机遇。同时，数字化传承与保护也可以适应当代社会的需求,通过创新展示形式和传播方式,吸引更多年轻人参与和关注[①]。数字化技术为非物质文化遗产的传承和创新注入了新的活力。我们应该抓住这一机遇,充分利用技术优势,让传统庙会文化在数字化时代焕发出新的光彩。这不仅是对传统文化的传承和发展,更有利于彰显和提升民族自信。

4.5.1　利用数字化技术保障信息的完整性

运用全面且系统的保护及传承措施,保障庙会文化的完整性和内在逻辑。通过数字科技手段,积极收集、归档和储存非物质文化遗产的数据资料,包括音乐、影像、图片等多元形式;并进一步借助新媒体和数字化技术,打造可视化的虚拟文化产品,运用2D、3D数字动画技术,深度解读并重现文化信息。以短视频、微电影、数字绘本,运用全面且系统的保护及传承措施,保障庙会文化的完整性和内在逻辑;或是运用三维动画、数字博物馆、互动游戏等多样化形式,真实且生动地展现庙会文化的魅力。例如,2021年广府庙会推出的"云游庙会"微信小程序,使市民能够通过手机轻松体验庙会活动,借助5G和VR技术,实现全景式的观展、非物质文化遗产探索、游戏互动以及在线购物等全面功能。

4.5.2　构建数字化视觉传播平台

在建立非物质文化遗产数字化平台的过程中,要注重将传统文化内涵体现出来,利用各种手段加强对积极文化效应的塑造。对庙会文化的建设来说,要注重整合庙会的非物质文化遗产资源,结合时令、节日礼仪、地方民俗文化、非物质文化遗产手工技法、传承人故事等方面展示丰富的文化内涵。通过头部原创内容的垂直输出,如短视频、动画、长

---

① 李慧芳.基于元宇宙技术的无锡庙会创新设计研究[J].鞋类工艺与设计,2023,3(22):193-195.

图漫画，以及虚拟人物CGI（计算机生成图像）、交互AR等趣味交互形式等，把中国传统节礼文化融入生活方式，运用互联网技术将历史价值、艺术价值、文化知识全方位输出到线上应用场景里，带来有趣、创新、具有文化底蕴的线上节庆新体验，以此让更多人了解非物质文化遗产，促进其保护与传承。由清华大学文创院创意开放平台C-LAB出品的中国节日云妙汇，将大量传统文化和非物质文化遗产的视觉内容通过数字化设计呈现，突破传统线下庙会的局限性，多维度地丰富了传统节日中年俗活动的呈现方式。2021年，百度"国潮AI市集"系列巡展在武汉和深圳两地同时启动，后续将在成都、上海落地。"AI市集"以场馆的形式向公众开放，推出多款AI互动游戏。游客可以线下游览并体验"AI科技国潮"带来的感官刺激，也可通过百度搜索"百度国潮季"，线上跟随主播观展。该市集以7天国潮快闪（临时性展销）、5大主题体验区为特点，囊括人脸识别、语音识别、百度知识图谱、百度大脑人体关键点识别等黑科技体验。作为全球领先的互联网科技公司，百度在今年的AI巡展上，也首次加入了国潮主题，将黑科技体验与中国美学元素交织在一起。人脸识别、语音识别、人体关键点识别、百度知识图谱等智能应用的科技内核包装在唯美的国风之中。此次国潮AI市集结合人脸识别与属性分析、动感识别、知识图谱、语音识别、AR表情等多项人工智能技术，传达了"万物皆国潮"的新理念，丰富了大家对于未来科技美好的无限想象。

为更好地活化利用和创新，赋能浙江高质量现代化建设，杭州建立了宋韵文化历史遗存的文化资源数据库平台。该平台的功能主要包括建设数字化展馆、搭建数据与生产平台以及构建系列宋韵文化知识图谱等。这些功能通过提供上百种数字交互体验场景、关联与传播中华文化资源以及深化对宋韵文化的理解和研究，促进了宋韵文化的保护和传承。具体来说，数字化展馆的建设可以为公众提供丰富的视觉和互动体验，使宋韵文化的展示更加生动和吸引人。这种形式不仅能够提高公众对宋韵文化的兴趣和参与度，还能够在无形中加深他们对宋韵文化价值的认识和理解。搭建数据与生产平台的功能，使得宋韵文化的各种资源得以高效整合和利用，从而促进了宋韵文化信息的广泛传播和共享。这不仅有助于提升宋韵文化的知名度和影响力，还能够促进在更广泛范围内人们对宋韵文化的认知和研究。构建系列宋韵文化知识图谱，是对宋韵文化进行系统化、科学化研究的重要手段。这种方式可以更好地挖掘和整理宋韵文化的知识体系，为宋韵文化的深入研究和传承提供坚实的基础。

杭州宋韵文化数字化平台通过其多样化的功能，有效地促进了宋韵文化的保护和传承。它不仅为公众提供了深入了解宋韵文化的新途径，也为宋韵文化的科学研究和文化传播提供了强有力的支持。

2024年，中央广播电视总台数字文化艺术博物馆就将传统艺术文化与数字技术相结合，于农历大年三十推出了"2024央博龙年新春云庙会"。此次数字化云庙会活动开展了数字定制化捏脸、抢免费景区门票、赏祝福烟花等活动，利用数字人物与虚拟场景打造沉浸式交互空间。用户以"数字分身"进入云庙会，沉浸式欣赏灯火辉煌的夜景，整个庙会的场景搭建以石山海岛为框架，将历史文化和风土人情都装载进画卷中。

4.5.3　促进非物质文化遗产传承与产业化相结合

在全球化日益加速的今天，非物质文化遗产的传承与保护显得尤为重要。为了更好地传承这些珍贵的文化遗产，需要将其与现代科技，尤其是新兴媒体进行深度结合，以此推动文化产业的发展，同时让非物质文化遗产在当代社会焕发新的生机。借助新兴媒体的作用，非物质文化遗产可以得到更广泛的传播和更深入的传承。通过数字技术、动漫等现代科技手段，可以将非物质文化遗产进行数字化呈现，让更多的人能够接触、了解和欣赏这些传统艺术和文化。例如，杭州的非物质文化遗产项目可以通过软件、动漫等形式进行展示，让传统技艺和民间文化在现代技术的助力下焕发新的活力。非物质文化遗产的传承与产业化相结合，可以推动民间技术的开发与保护。通过产业化运作，可以将非物质文化遗产转化为具有市场价值的文化产品，进而实现对其的有效传承和保护。这种模式不仅可以让非物质文化遗产得到更好的传承，同时也为当地的经济发展注入了新的活力。

在非物质文化遗产的传承与产业化过程中，我们还需要注重艺术形式的创新。通过文化、数字信息和传媒的充分联动，利用数字技术设计、开发以传统文化和非物质文化遗产为内容的交互类产品，也是推动非物质文化遗产传承与产业化相结合的有效途径。这种产品不仅可以提供线上线下的联动体验，还可以让更多的人亲身感受传统文化的魅力。例如，完美世界（北京）网络技术有限公司推出的"梦幻新诛仙"，就将庙会文化融入游戏产业。玩家在游戏的一些场景中能感受到新年的喜庆和传统文化的魅力。这种创新不仅可以提升非物质文化遗产的吸引力，也可以为当地的文化产业注入新的动力。

再如，杭州庙会五福节的具体活动内容包括了多种互动性和趣味性的玩法。包括合成五福卡兑换奖金、每天一个大牌日发放超值好礼，以及灵栖洞等地的特色活动等。

因参与商家众多，此举有力推动了珠宝、商圈、餐饮、文旅等多个产业的发展。同时，还有与杭州市文化广电旅游局等合作的名胜景区参与其中，这类活动已成为当地文旅融合发展的重要形式，也为用户提供了丰富的互动体验和奖励。

4.6 传统庙会数字化保护的创新设想：杭州吴山"庙会百景"App创新设计案例

4.6.1 设计背景

吴山庙会，于2008年入选浙江省非物质文化遗产名录，它不仅是杭州地域文化的瑰宝，更丰富了广大市民的精神文化。为深入探讨吴山庙会文化的数字化保护路径，本例将在分析其生态特性的基础上，研究如何借助现代科技手段助力非物质文化遗产传承。当前，吴山庙会的传承面临诸多挑战，因此对庙会特色元素进行创意产品系统的设计研究显得尤为重要。此举不仅有助于传承和弘扬吴山庙会文化，还能通过多元化的形式和媒介展示其深厚的历史底蕴，进而提升其在公众中的认知度和影响力。我们期望通过数字化手段，推动杭州地区的社会经济发展，同时让庙会文化在继承与弘扬中焕发新的生机。数字化技术的发展为非物质文化遗产传承和创新注入了新的活力，为吴山庙会等传统文化的传承带来了前所未有的机遇。在创意设计过程中，主创团队充分汲取传统文化的精髓，结合现代科技手段进行宣传和推广，吸引更多人参与传统民俗文化的创新实践。这将有助于创造出更多富有意义和价值的文化创意产品，使历经数百年的吴山庙会文化在新时代焕发出新的生命力。

在深入探索设计的视觉语言时，我们专注于从吴山庙会的活动空间中提取独特的艺术遗存元素。将这些元素融入设计，就可创建一系列庙会品牌衍生品。这些产品运用标志、符号、插图等系统化的品牌形象，有效地传播了吴山庙会独特的品牌文化。这种策略不仅使我们的产品与其他庙会的形成鲜明差异，还增强了产品的市场竞争力。例如，在历年春节、元宵节等时节举行吴山庙会的活动期间，会有数量众多的来自各地的游客前来。我们希望借此数字化系列产品吸引大量来自全国各地的游客，在展示对游客的热情和诚心的同时，向他们提供一系列具有纪念意义的衍生品。这些衍生品通过游客的口碑相传，能进一步提升吴山庙会的知名度。同时，我们也通过文创产品的宣传，塑造了吴山庙会在消费者心中的品牌形象。同时，弘扬庙会活动中的老工艺、老技艺，如捏糖人、剪纸工艺、杂耍表演等非物质文化遗产，从而形成良好口碑，引导并吸引更多的人走进杭州，从而提升城市美誉度。通过对吴山庙会的文化挖掘与创新设计，塑造吴山庙会新的品牌形象，提升其知名度，同时也为杭州城市形象的提升做出积极贡献。

4.6.2 "庙会百景"App：吴山庙会数字化保护与创新实践案例

"庙会百景"App以杭州吴山庙会文化为对象，通过对杭州吴山庙会文化内容的数字化建构，探索了一种新的传承方式。

1. "庙会百景" App 的主要架构

"庙会百景" App的设计，始终遵循以人为本的原则。以消费者、老字号品牌经营者及非物质文化遗产活动传承者为中心，清晰地划分了多个组成模块，来应对不同身份的使用者的个性化需求。这款App的主打功能体现在时光机AR探索、商品售卖与品牌传承3个子模块。时光机AR探索模块将发源于杭州西湖的神话传说"白蛇传"的主要人物进行元素提取，并将元素抽象衍变为几何化图形。该模块实现了神话世界形象三维实景化，将现实中的消费者与传说故事中的人物放在同一时空，实现了影像模式的记录。商品售卖模块既将传统的老字号品牌的产品进行推陈出新，又售卖非物质文化遗产传承手艺人的手作产品，将非物质文化遗产的文化成果进行商业化的转化。品牌传承模块着重于如何讲好手艺人和品牌传承人的非物质文化遗产故事。首先，在以文字、视频进行故事传播的基础上，利用AI智能技术进行沟通问答，使社会大众与这些非物质文化遗产传承人的交流更加轻松、联系更加紧密，从而进一步增强社会大众与非遗文化之间的黏性。其次，在线下以吴山庙会文化为基础推出非物质文化遗产体验活动，在"商品售卖"模块增设了活动预约功能，使得社会大众可以更加直观便捷地获取详细的活动信息。因此，三类子模块结合数字媒体App的优势，将吴山庙会文化通过图片、视频与文字这3种手段呈现于使用者。如图4.15、图4.16所示为"庙会百景" App界面信息架构示意图和主要功能界面展示图。

2. "庙会百景" App 的设计方法

1）视觉呈现

从用户体验的角度出发，App设计更注重视觉流程的清晰性与产品属性。首先，在主界面颜色的选择上，我们在重点研究了杭州吴山庙会的文化底蕴与传承基因，尤其对有美学含义的艺术元素进行提取后，通过对大量衍生产品的调研分析，并基于色彩情感理论的验证，决定产品

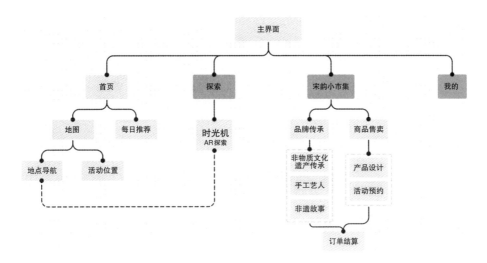

图4.15　"庙会百景"App界面功能架构示意图

（图片来源：作者团队绘制）

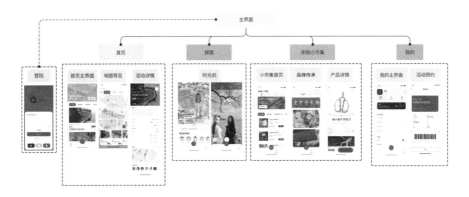

图4.16　"庙会百景"App主要功能界面展示图

（图片来源：作者团队绘制）

色彩选用中华传统色库里的胭脂红。该色彩不仅能体现中华民族传统美学理念，体现吴山庙会特有的宋韵色彩美学内涵，同时突显了庙会文化博大精深的雅致内涵，在产品互动中具有唤醒视觉注意并获得使用者情感共鸣的效果。其次，选择标签式的布局方式，直观地区分庙会百景的功能模块。进而减少界面的层级，方便使用者更加快捷地实现目标行为。字体选择简明易懂的无衬线字体，具有更强的可读性与辨识度。界面图标采用扁平化设计，减少了用户因认知障碍导致的误操作行为的发生，使得整体操作更加流畅。

2）功能设置

"庙会百景"App在传播庙会文化功能的基础上，增加了商品售卖以及活动预约功能，为品牌传承人和手工传承人提供了推广的渠道；其时光机AR探索模块，将民间传说"白蛇传"的故事与时下流行的拍照打卡行为模式进行融合，通过让游客与传说故事中的人物合影来促进其对吴山庙会相关传统文化知识的了解。同时，将照片上传到多种社交平台，通过主体的分享行为产生的二次传播效应，更符合年轻用户群体对产品的情感化需求，使得更多群体可以了解吴山庙会的相关历史文化。时光机AR探索模块在该App中的运行过程包括6个基本环节：① 手机摄像头设备获取真实场景信息数据，如拍摄的吴山庙会街景或某庙会产品实物图。② 系统获取数据并分析真实场景、物品的特征，同时读取摄像头所在的位置信息。③ 建立三维空间中虚拟对象的数据库，此处用到的是"白蛇传"中的人物元素。④ 图像变换和实时渲染。⑤ 真实世界和虚拟对象的无缝融合，如用户可与西湖景区的经典传说人物打卡合影。⑥ 增强现实信息显示输出。

"庙会百景"App时光机中的AR探索模块流程构架示意图如图4.17所示。

时光机AR探索模块通过手机摄像头捕获真实环境，得以实现虚实

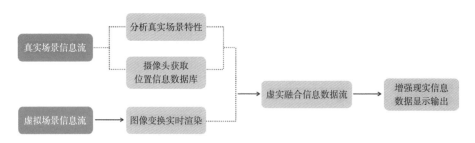

图4.17　"庙会百景"App时光机AR探索模块流程架构示意图

（图片来源：作者团队绘制）

融合、实时交互的功能特点。例如，用户智能手机上的摄像头捕获到吴山庙会市集实景或景区街景的任意文化标识物图案后，手机屏幕上会自动地显示与该实景、物品相关的数字化吴山庙会文化介绍、吴山庙会相关产品说明等信息。这些信息借AR识别互动三维实景化功能可通过文本、动画、视频、语音互动等多媒体形式呈现给用户（见图4.18）。

图4.18　"庙会百景"AR识别互动三维实景化功能

（图片来源：作者团队绘制）

3."庙会百景"App的设计思路

1）目标用户定位与需求确立

青年群体对非遗文化的态度，一边兴叹于非遗文化内涵的"精"与"妙"，一边又因不易吃透非遗文化的精妙与缺少寓教于乐的途径而选择了敬而远之。娱乐的追求取向造成了非物质文化遗产传承在人才储备领域的断层。在"庙会百景"App的设计中，我们将善于接受新鲜事物的青年群体作为目标用户，借青年群体的分享型网络社交特质，助力文化传播力，使得非遗文化的生命得以真正地延续。同时，当吴山庙会传统文化在社会大众之间广泛传播时，社会群体的地域文化自信也将逐步构建起来。长此以往，吴山庙会作为优质的民族文化才能够真正地得到传承。在调研用户群体及获取用户需求的过程中，借助用户体验地图进行总结呈现，具体了解该类用户将如何通过App体验流程、数字技术模块等方式进行交互。该调研过程有助于获取用户对App交互体验、关键接触点以及吴山庙会存在形式的意见及建议，从中总结新需求。

2）场景应用

"庙会百景"App的场景应用包含线上与线下环境。线上应用与线下体验结合，有两大功能。其一为活动预约。通过活动预约模块，用户可以清晰地了解庙会活动的详细信息，根据自己的个性化需求来选择活动。游客下载并注册，随后报名参加活动，对主办方而言也能从中获利，是一种双赢的关系。其二为"时光镜"。此功能以3D重现的方式将虚拟传统人物实体化，与使用者合影留念，提升了用户操作的趣味性和愉悦感，在增强传统IP影响力的同时也加深了用户对于传统文化的认知。"时光镜"功能还能使用户更好地了解杭州吴山周边民俗文化，如杭州泥塑、非遗窗花剪纸等活动的内容（见图4.19）。

图4.19 非物质文化遗产体验活动模块部分界面展示

（图片来源：作者团队绘制）

线上应用中的宋韵小市集模块通过对杭州传统庙会上的老字号品牌及其产品进行梳理整合，上线具有文化传承意义的品牌产品并进行推广（见图4.20）。引导用户做出对这些产品的购买行为，从而实现文化价值到商业价值的转化，同时也实现了拓宽销售渠道的目的。在售卖模块中，此款App还针对不同的产品属性，对商品进行类别的划分，例如：老字号专场、非物质文化遗产文创、特色小吃等模块。在用户购买产品的体验方式上进行创新，既对吴山庙会传统文化进行了保护与传承，又对杭州文化、商业经济的建设起到一定的推动作用。另外，还可以将App的用户引流向线下市集，为景区和当地政府创收，进而为社会大众塑造更好的文化体验环境。

图4.20 "宋韵小市集"模块部分界面

（图片来源：作者团队绘制）

在界面视觉设计过程中，根据"庙会百景"App的具体功能构架与页面结构，设计出符合用户对交互逻辑和操作理解的界面系统（见图4.17）通过相应的交互设计，实现吴山庙会文化信息整合和数字化技术融合创新的"庙会百景"App设计。

非物质文化遗产的延续与发展，从来都不是独立存在的。非物质文化遗产赖以延续发展的前提，就是要有一定的外在环境条件，如街坊、村落、建筑、寺庙、祠堂等。皮之不存，毛将附焉？吴山庙会，从严格意义上来说，它不是单一、单纯的文化空间概念，它是多个文化空间交织在一起的、层叠繁杂的、综合性的文化空间。这里边有城隍庙会等，还有围绕龙王庙、海神庙、雷神庙、风神庙、火神庙、太岁庙、海会寺、宝月寺、七宝寺、宝成寺、仁寿庵等，以及三茅观、通元观、三仙阁等举行的众多庙会活动。因此在进行设计行为时要突出重点、分清主次、排出顺序、顾及全局，注意设计架构与体验逻辑，以线上引导线下，帮助恢复庙会的核心功能。在保持其民俗性质的同时要做到降低现代商业氛围，从而以防止利用性、开发性的破坏，以此来突出吴山庙会的原生性和其民俗性质。

3）设计实践小结

非物质文化遗产传承与创新视角下的"庙会百景"App设计，利用数字信息技术与互联网平台弥补了线下庙会（市集）实体展示受限所面临的传承与推广困境。同时，此款App通过非物质文化遗产传承与时光机AR搜索等模块对吴山庙会的历史与文化进行了数字化记录与展示，实现了传统庙会文化的数字保护；通过宋韵小市集模块促进了传统文化与广大群众尤其年轻群体的密切互动与交流，推动了吴山庙会及其衍生产品的创新性展示与市场传播。因此，"庙会百景"App的设计既是利用当下成熟的数字信息技术保护非遗文化的一种探索性尝试，同时为受时代发展、地理等因素影响的吴山庙会文化的资源采集、整理、传播等工作带来更多契机。因此，只有在一定的外在环境条件下，吴山庙会才能得以复原，也只有在此基础上才能实现发展。而要吴山庙会的复原能够实现，第一个要做的就是要让原有的主要建筑群落得以恢复，如商店和民居等，以及周边主要庙观。当然，随着现代环境的发展，重建的这些建筑群落不可能与从前一分不差，这会使其难以融入现代社会。我们要做的是将这些建筑群落与现代环境融合交汇，在复刻吴山旧时环境条件的同时又要让其与现代化的环境相融合，从而搭建起现代化的吴山庙会环境，使其能够更好且迅速地融入公众的生活之中。唯有做到这些，吴山庙会才能够得以复原和发展，人们也能更好地了解与继承其中所包含的民俗文化，从而促进相关民俗文化的发展与传播。

面对当代社会的快速发展和文化需求的不断增加，浙江庙会需要在保持传统特色的基础上不断创新和发展。例如，打造庙会品牌，通过品牌文化建设扩大庙会知名度；或是与文旅机构合作，利用夜经济和假日经济的优势吸引消费者，扩大庙会影响力。在价值重构上，与新潮文化与数字科技结合，跟随时代脚步，引入现代科技元素，应用数字化技术，在结合地方特色和文化底蕴的情况下丰富庙会文化的价值。引入现代科技元素和数字化技术可以提升庙会的互动性和体验感，浙江永康的方岩庙会就是一个很好的例子。它不仅有着浓郁的民俗风情和强烈的地方特色，还有现代科技元素、数字化技术的创新玩法。

如方岩庙会不断提升传统保留活动的质量，增加年轻人喜闻乐见的创意活动，充分发挥特色文化优势。如打造"商贸旅游＋文化"模式，方岩庙会通过融合商贸旅游与文化的模式，打响了方岩庙会的品牌。或是利用激活经典、融入当下的原则，持续提档升级、创新发展，发展荟萃民间表演艺术、交流民间武术、展示民间手工技艺、融商贸旅游于一体的民间盛会。在庙会活动中，还引入了创新水墨画的形式，为庙会增添了新的艺术表现形式。为打造浙江庙会数字化创新实践提供更为丰富的案例，让数字化技术与这样的传统文化相遇，碰撞更多的新奇火花。

随着时代日新月异的发展，庙会这一古老的文化形式在浙江地区逐渐焕发新的生机。当代庙会的复兴，不仅是对传统文化的传承与发展，更是对庙会价值的重新认识和重构。众所周知，庙会是一种古老的文化现象，自古以来就是文化交流和开展商业活动的重要场所。浙江地区的庙会拥有悠久的历史底蕴，如吴山庙会、宁波鄞江十月十庙会等。随着时间的推移，庙会逐渐从古代的以祭祀活动为主演变成为集商、游、娱于一体的综合性活动。这一过程体现了庙会活动的丰富性和多元性。但时代在变迁，庙会的形式和内容也应不断调整，以适应社会的发展和人们的需求。近年来，随着人们物质生活水平的提高和精神文化需求的增加，浙江地区的庙会活动重新活跃起来。当代庙会不仅保留了传统的元素，如舞龙舞狮、戏曲表演等，还融入了现代元素，如特色小吃、手工艺品展示等。这些变化使得庙会更具吸引力和活力，吸引了大量游客和市民的参与。

第5章

传统文化街区保护与开发案例分析
——吴山庙会

"吴山天风"可谓西湖十景之一，坐落于西湖东南侧。独特风情的街巷小铺、千奇百怪的岩石、灵动优美的洞穴……构成了吴山别样的江南风情。吴山北麓的清河坊历史街区，作为杭州上城区繁华的商业地带，历史源远流长。自2004年起，杭州市每年在清河坊街区举办吴山庙会，其间举办的伍子胥祭祀典礼、宋韵集市、非物质文化遗产博览等丰富多彩的活动，引领人们穿越时空，重温南宋辉煌。本章深入分析吴山庙会及清河坊景区的保护现状、开发策略和取得的显著成效，其成功案例不仅映射出现代城市发展过程中文化创新的重要性，也能为其他庙会文化及传统文化街区的保护与开发提供宝贵的参考和借鉴。

5.1 吴山庙会概况

"蜀客到江南，长忆吴山好。"（苏轼《卜算子·感旧》）

吴山，在浙江省杭州市西湖东南。吴山这个名字，取自春秋时期，此山时为吴国的南界。吴山又称胥山，因吴王夫差听信谗言杀害伍子胥，将其尸体投入之江（钱塘江）中，后人哀其不幸，封其为潮神，并在吴山立庙祀之，故吴山又名胥山、伍山。

吴山山势绵亘起伏，延伸至市区，左带钱塘江，右瞰西湖，为杭州名胜。山上古迹众多，虽然都不算闻名，但足见此山在历史上向来不失繁华。吴山是西湖群山延伸至市区的成片山岭，属于天目山余脉的尾端。苏东坡写的《表忠观碑》有言："天目之山，苕水出焉，龙飞凤舞，萃于临安。"吴山好像是一只梭镖，楔入杭州城内，东、南、北三面俯临街市，西面与万松岭相接。

吴山旧有"七十二庙"之说，可见山上庙宇之多。据20世纪40年代末统计，吴山有庙观130多座，民间盛行朝山进香。历来庙会也多，主要有太岁上山、龙灯开光、佛诞放生、元帅庙会、火神诞会、雷诞夜香、三官圣诞、兰盆胜会、地藏香会、重阳登高、九皇斗坛等，立夏节有"五郎八保上吴山"，冬至前一日有"于庙祈梦"，大年三十有"城隍山上看火烧"。庙会祭拜的对象也各不相同：有神话传说中的神，如大禹、仓颉、月老酒仙、火神、东岳、药王、龙王、太岁、关帝；有历史上有功于民、死后被祀奉的人物，如伍子胥、周新、施全等。庙会形式多样，内容丰富，人气极旺，带动了吴山脚下一大批老字号的生意。因为吴山就在城里，居民上山极其方便，他们倘若要进庙烧香，往往首先想到的就是吴山。这里庙多（见图5.1、图5.2），于是庙会也就多了起来。

吴山上有有美堂遗址（见图5.3）。北宋嘉祐二年（1057），梅挚出任杭州知州，宋仁宗赐诗为他送行，诗曰："地有湖山美，东南第一州。"梅挚到杭州后，建有美堂于吴山上以报皇恩。欧阳修曾为之作《有美堂记》："独所谓有美堂者，山水登临之美，人物邑居之繁，一寓目而尽得之。盖钱塘兼有天下之美，而斯堂者又尽得钱塘之美焉。"自此，有美堂美名益扬。北宋大文豪苏东坡曾二次任职杭州，多次登临吴山，并在此留下了不少经典诗篇。其中，苏东坡写的有

图5.1　吴山诸庙

（图片来源：作者摄于杭州城隍阁）

图5.2　杭州城隍阁药王庙

（图片来源：作者摄于药王庙）

美堂诗词中较有名气的为这首作于熙宁六年（1073）的《有美堂暴雨》："游人脚底一声雷，满座顽云拨不开，天外黑风吹海立，浙东飞雨过江来。十分潋滟金樽凸，千杖敲铿羯鼓催。唤起谪仙泉洒面，倒倾鲛室泻琼瑰。"

可见，苏东坡对有美堂情有独钟。熙宁七年（1074）七八月间，杭州太守陈襄离杭另有任命，苏东坡以《虞美人·有美堂赠述古》相赠：

图5.3　有美堂一角

（图片来源：作者摄于有美堂）

"湖山信是东南美，一望弥千里。使君能得几回来，便使樽前醉倒更徘徊。沙河塘里灯初上，水调谁家唱。夜阑风静欲归时，惟有一江明月碧琉璃。"

吴山之美，美在形胜；钱塘之盛，盛在繁华。在苏东坡笔下，这段令人难以割舍的友情被巧妙地融入了那静谧的夜晚和明亮如镜的江风月影之中，这首诗亦有了独特的意境。吴山城隍阁三楼所悬挂的"湖山信美"匾额，正是顾毓琇先生根据此词所题。尽管吴山的海拔未超过千米，但其优越的地理位置使其成为观赏杭州美景的绝佳之地。自古以来，杭州的山水被誉为人间天堂。在吴山之巅，向东可眺望西子的秀美，向西可饱览浙江的壮阔，向南是连绵青翠的群山，向北则是街道整齐、车水马龙的都市景象。这里无疑是欣赏杭州全景独一无二的好去处。

明清时期的吴山，山上、山下店铺林立，茶坊酒楼众多，香客游人如织，热闹非凡。从伍公山至城隍山，形成了一条穿行于寺庙间的步游街市。在当时，这条街市不仅是商业活动的中心，更是杭州民间文化的一处聚集地，节日时洋溢着浓郁的民俗风情（见图5.4）。

图5.4　吴山节庆民俗风情

（图片来源：作者摄于杭州城隍阁）

朱廷焕《武林旧事》卷三"西湖游幸"中记载:"淳熙间,寿皇以天下养,每奉德寿三殿,游幸湖山,御大龙舟。……时承平日久,乐与民同,凡游观买卖皆无所禁。画楫轻舫,旁午如织。至于果蔬、羹酒、关扑、宜男、戏具、闹竿、花篮、画扇、彩旗、糖鱼、粉饵、时花、泥婴等,谓之'湖中土宜'。又有珠翠冠梳、销金彩缎、犀钿、髹漆、织藤、窑器、玩具等物,无不罗列。……吹弹、舞拍、杂剧、杂扮、撮弄、胜花、泥丸、鼓板、投壶、花弹、蹴鞠、分茶、弄水、踏滚水、泼盆、杂艺、散耍……流星、水爆、风筝,不可指数,总谓之'赶趁人'。盖耳目不暇给焉。"

从文中可见吴山街市的兴盛景象(见图5.5)。街市上,大批形形色色的行当艺人支起摊子张罗买卖,如看相算命、测字卜卦、卖书、卖字画等,同时也有民间民俗表演,如耍杂技、变戏法、捏糖人、斗鸡等,热闹非凡,让人目不暇接。这些活动不仅满足了此地香客、游人的休闲娱乐需求,也丰富了杭州的民俗文化。

图5.5 吴山街市兴盛景象

(图片来源:作者摄于杭州城隍阁)

"吴山大观"作为一个著名景点的名称，为康熙皇帝所赐。正式将吴山大观列入杭州清代西湖十八景并亲自题写其名称的，就是南巡至杭州的康熙皇帝。据《仁庙五巡江南日录》载："康熙四十四年乙酉四月初四日，皇上乘轿，皇太子、宫眷出行宫，由大街过鼓楼，进城隍牌坊，上吴山，幸紫阳山，各处游玩。午后仍幸城隍牌坊，回行宫。"康熙六次南巡，五次到杭州，每次来杭，都从城隍牌楼巷上吴山进香。

康熙二十八年（1689），康熙皇帝第二次南巡杭州，登紫阳山赏景时，四顾眼前胜景，不觉诗兴大发，吟七绝一首《登吴山绝顶》："左控长江右控湖，万家烟火接康衢。偶来绝顶凭虚望，似向云霄展画图。"

康熙三十八年（1699），康熙皇帝第三次南巡到杭州，赋《登吴山》："重经层巘暂停銮，天日晴和览眺宽。城市万家烟火近，念兹莫遣有饥寒。"图5.6为城隍阁望西湖景。

图5.6 城隍阁望西湖景

（图片来源：作者摄于城隍阁）

杭州城乡庙会数量众多，难以计数。这些庙会通常依农历计年举行活动，多数以菩萨诞辰或神祇忌日为活动主题。在这些庙会中，吴山庙会以其历史悠久、规模宏大、持续时间长且四季各具特色而著称，并早已在江南一带享有盛誉。据《西湖志》记载，吴山庙会是历史上杭州规模最大，举办时间最长之庙会……吴山庙会，四季不断，各有特色，各行各业均要上吴山赶庙会。

吴山庙会的历史可以追溯到宋朝，明清时达到鼎盛，然而至民国年间逐渐衰弱。尽管如此，吴山庙会依然承载着杭州深厚的历史文化底蕴。杭州城中仍然保留着吴山这样的胜境，并且至今还保持着良好的风貌，是非常难得的。

在吴山庙会期间，尤其是大年初一至初五，参加活动的主要以杭州本地居民为主。他们上山参拜赵公明，祈求新的一年财运亨通。这一传统俗称"上城隍山兜喜神方"，体现了杭州人民对美好生活的向往和追求。而在二三月期，杭州周边几个城市的信众亦会前来进香，这使得吴山庙会的影响力进一步扩大。此外，端午、立夏、重阳等传统节日，旧时各行各业店员职工放假休息，亦会前往吴山赶庙会，使得吴山庙会成为了杭州市民休闲娱乐的主要场所。

1985年5月，杭州第三届艺术周恢复吴山庙会，1992年起不定期举办吴山庙会。2004年清河坊历史街区管委会正式承办庙会，推动吴山庙会走上良性发展的道路。自2004年，吴山庙会已连续19年在清河坊历史街区举办。如今的吴山庙会不仅是杭嘉湖一带规模最大、历史最悠久的庙会之一，更是展示杭州风土人情的重要民俗节庆活动。吴山广场一年四季活动不断，已成为杭州最大、最集中的民俗风情展示区。庙会内容丰富多样，包括清河坊历史街区的民俗风情表演、浙江地方民俗戏曲、歌舞表演、民俗展示，以及旅游促销活动、御街灯火、缤纷夜游活动、吴山风筝节、吴山美食节、清河坊历史街区的民间艺人绝技绝活展、民间工艺品展等。这些活动充分展现了民俗文化和市井风情的主题，让人们在欣赏精彩表演的同时，也能感受到杭州深厚的历史文化底蕴。现吴山庙会每年举办两次，分别在春节和10月，庙会一般持续12天左右。在此期间，整个吴山山上、山下热闹非凡。

　　2007年，吴山庙会被浙江省人民政府列入第二批浙江省省级非物质文化遗产保护名录。近年来，吴山庙会吸引了越来越多的市民和游客驻足打卡，已成为具有杭州辨识度的文化品牌。此外，杭州市为打造东方休闲之都和生活品质之城的品牌形象，积极发掘并利用庙会资源作为旅游资源，这种以文化为媒介、经济为主体的发展模式无疑推动了杭州民间信仰活动的市场化进程。

　　自2010年恢复的伍公祭，是吴山庙会的一大亮点。2023年12月，为了让伍子胥祭祀典礼传形更传神，吴山庙会开启伍子胥祭祀大典活动（见图5.7），更进一步在吴山庙会系列活动中，融入宋学宋艺元素，让

图5.7　吴山庙会伍子胥祭祀大典

（图片来源：杭州市文化馆）

传统文化习俗更易被群众接受，更易融入日常生活。祭祀大典结束后，艺术巡游队伍与清河坊历史街区的传统技艺传承人一同进行传统文化展示与手工艺表演。

吴山庙会是杭州历史文化的瑰宝，是展示杭州风土人情的重要平台。它不仅是杭州市民休闲娱乐的主要场所，更是传承和弘扬杭州民俗文化的重要载体。在未来的发展中，应继续保护好这一历史文化遗产，让更多的人能够领略吴山庙会的魅力，感受杭州深厚的历史文化底蕴。

5.2　吴山庙会及其商业文化街区的保护与开发现状

《史记·秦始皇本纪》中写道："三十七年十月癸丑，始皇出游……过丹阳至钱唐，临浙江，水波恶……"钱唐县始置于秦，时属会稽郡；当时西湖还是随江潮出没的海滩。经过漫长的岁月演变，吴山积淀了杭州不同时期丰富的历史文化。在春秋时期，吴山曾是隔断吴越两国的天然屏障，时而属于吴，时而属于越。到了隋唐时期，江流逼近山麓，此地渐有渔人晾网，又称晾网山。五代时期，钱镠将吴山东麓原有的新城戌改建为朝天门。南宋时期，杭州成为都城，吴山东麓左右两侧，以大内衙署为起点，坊巷集市繁盛，建成了十里御街，吴山因而成为那一时期杭州的政治经济中心。随着历史的演进，山上道观、庙宇逐渐增多，形成了热闹喧嚣的游览胜地。无论是山上的香市，还是山下的集市，年节时总有络绎不绝的游人。一年四季都有众多来自各地的游客前来进香、观潮、游览、购物和办事。吴山因此成为人们瞩目的焦点。

然而，进入20世纪后，由于多种原因，许多景观、遗迹和文物逐渐废弃，吴山的繁华逐渐消退，风光不再。为了解决吴山庙会商业文化街区客流量低的问题，并更好地保护和开发历史文化环境，杭州文旅等有关机构和专家团队根据吴山庙会商业文化街的规划办法，经过几年的努力，城隍阁景群、伍公山景群、阮公祠景群、三茅观景群、革命烈士纪念园区、云居山风景山林区等景点相继建成并对外开放。随着"保留基本定位，恢复吴山庙会，传承历史文化、完善景区绿化"等改造工作的推进，吴山商业街区真正成为以反映杭州民俗文化为特色的景区。这些举措使得上山观光游览的游客数量逐渐增加，吴山重新焕发出勃勃生机。

随着杭州经济、文化产业的不断发展，特别是西湖成功申遗后，人们的审美观和对景区的要求也在不断提高。与西湖风景名胜区的其他景区相比，吴山庙会商业文化街区在各事项的发展上明显滞后。例如，景区景点和基础设施尚待完善，历史文化古迹需要进一步挖掘和展示，游览活动分布不均衡等问题日益凸显，这些都有损景区的总体形象。

5.3　吴山庙会及其商业文化街区的规划与定位

《杭州西湖风景名胜区总体规划（2002—2020年）》指出，吴山景区已被确立为西湖风景名胜区的九大核心景区之一，景区面积共计1.25平方千米，约占整个西湖风景名胜区面积的2.12%。规划景区所划定的具体范围如下：北起河坊街、大井巷至鼓楼，东自鼓楼沿十五奎巷、丁衙巷、瑞石亭、大马弄、太庙巷、中山南路、白马庙巷、市第四人民医院西北面围墙、严官巷、杭州卷烟厂西面围墙至万松岭路，南至万松岭路，西自万松岭路、铁冶路接四宜路至河坊街。

为了进一步推动吴山景区的可持续发展，2008年，有关单位制订了《吴山景区控制性详细规划》。该规划对景区内的景点、自然资源、民居建筑等进行了系统性的规划与管理，旨在恢复部分历史景点，保护并培育古树名木，同时推出多项旅游项目，以在保护历史文化和自然风景资源的同时，为市民和游客提供便捷的游览体验。该规划还明确将吴山景区细分为河坊街景群、伍公山景群、城隍阁景群、阮公祠景群、三茅观景群、革命烈士纪念园区、云居山风景林、贺家山风景山林区等多个景观区。此外，红线以内的城市周边区域被划定为景观协调区，严格监管该区域内的各项建设和资源不被破坏，以确保与吴山景区的景观风貌相协调，进而实现吴山景区与城市之间的景观过渡，全面保护景区的历史文化和自然景观。

在深入探索吴山景区的规划设计理念时，调研小组不禁为其对自然与人文的尊重与珍视所打动。吴山，作为一处拥有丰富人文历史和独特风俗民情的风景名胜区，其规划设计的初衷便是要保护好这片山林环境，让历史的痕迹得以留存，让文化的底蕴得以传承。

在保护生态环境方面，吴山景区有关团队致力于维护生态平衡，通过科学合理的规划，确保景区的自然风貌得以完整保留。同时，他们对历史建筑的整治工作也丝毫不马虎。这些建筑不仅是历史的见证，更是文化的载体。通过精心整修，50年以上的历史民居焕发出新的生机，成为展示吴山人文历史的重要窗口。除了硬件设施的完善，吴山景区还注重环境整治工作，力求为游客提供一个整洁、舒适的游览环境。

在配套设施方面，吴山景区不断完善各项设施，包括游览设施、服务设施和管理设施等，以满足游客的不同需求。这些设施不仅功能齐全，而且与景区的整体风格相协调，形成了和谐共生的关系。

在文化特色方面，吴山景区将生活、生态、文化三者融为一体，展现了独特的魅力。通过配备与功能相匹配的设施，景区为游客提供了一个全方位、多层次的游览体验。游客在欣赏自然美景的同时，也能感受到吴山深厚的人文历史和民俗文化。这种将自然与人文完美融合的设计理念，使得吴山景区成为展示当地独特文化和民俗的重要场所。此外，吴山景区还注重与周边城区的和谐共生关系。通过与周边地区的合作与互动，景区不仅为当地居民提供了休闲、健身的好去处，也为城市的可持续发展注入了新的活力。这种共生关系不仅增强了景区的影响力，也为其长远发展奠定了坚实的基础。

吴山庙会景区的规划设计理念充分体现了对自然与人文的尊重与珍视。通过保护好山林环境、整治历史建筑、整修历史民居、整理环境以及不断完善各项配套设施等措施，景区充分展现了吴山丰富的人文历史和独特的风俗民情。同时，景区还致力于实现完整保护，将生活、生态、文化三者融为一体，为游客提供舒适的游览、休闲、健身场所。这种将自然与人文完美融合的设计理念，使得吴山景区成为一处兼具生态价值和文化内涵的风景名胜区。

5.4　现代城市庙会的新生

吴山庙会，这一承载着杭州深厚历史文化底蕴的盛事，在时间的流转中始终保持着其独特的魅力。每当庙会季来临，人群熙熙攘攘，商品琳琅满目，香气四溢的小吃和悠扬的传统音乐交织在一起，仿佛将人们带回那个繁华的古代。如今，随着时代的变迁和城市的发展，一些庙会焕发年轻活力，也带给我们新的思考。吴山庙会也面临着如何与现代城市相融合、焕发新活力的挑战。传统民俗文化和城市记忆如何通过庙会这一载体，在年轻一代中传承？

面对这一挑战，我们需要深入思考和探索。在保持庙会传统特色的同时，我们可以注入现代元素，让古老的传统焕发出现代的光彩。科技手段的运用，如虚拟现实和增强现实技术，能够为游客带来更加生动丰富的体验，使他们仿佛穿越时空，身临其境地感受古老的文化魅力。同时，引入现代商业模式，如电子商务和移动支付，将为游客提供更加便捷的服务，让庙会与现代生活紧密相连。

传承传统文化不能仅仅停留在形式上，更重要的是让年轻人真正理解和接受这些文化。通过庙会这一载体，我们可以将传统文化与现代生活相结合，让年轻人在参与的过程中感受传统文化的独特魅力。设立传统文化体验区，让年轻人亲身参与传统手工艺品制作、传统音乐表演等活动，使他们更加深入地了解传统文化的内涵，从而培养他们对传统文化的热爱和尊重之情。

在中国的传统民俗中，庙会以其独特的形式和丰富的内涵，始终占有一席之地。相较于那些日复一日的定期集市，庙会以其对神、人、物的崇拜为核心，汇聚了四方来客，在寺庙、道观、山场等地进行商贸活动。这些庙会，如城隍庙会、护国寺庙会、白云观庙会等，早已深入人心，成为民俗文化的重要组成部分。

庙会已不再是单纯的宗教风俗活动，更是一个集商贸、娱乐、文化功能于一体的综合性盛会。在庙会期间，人们纷纷前来寺庙，向神灵祈福，希望在新的一年里能够平安吉祥。同时，庙会上的商品琳琅满目，从传统的手工艺品到各地的特色小吃无所不包，吸引了大量的游客前来选购。此外，庙会上的各种表演活动，如舞龙舞狮、打鼓击鼓、川剧变脸等，也为游客带来了无尽的欢乐。

在古代，庙会对于城乡商业贸易的发展起到了重要的推动作用。然而，随着时代的变迁，许多乡镇和城镇边缘地区的庙会已经逐渐失去了原有的宗教色彩，变成了纯粹的集市。尽管这些集会的组织者可能会将庙会与附近的庙宇联系在一起，但实际上，它们已经失去了祭神的意义，只剩下与一般集市相似的贸易功能。

与此同时，城市中的庙会也发生了很大的变化。一方面，由于城市化进程的加速，城市中的庙会数量大幅减少；另一方面，一些规模较大、影响范围广泛的新型现代化城市庙会开始崭露头角。这些新型庙会不仅保留了传统的商贸活动，还引入了现代科技和文化元素，使得庙会更具吸引力和活力。除了城市中的庙会外，许多著名景点附近的庙会也以其独特的形式和内容吸引了大量游客。例如，吴山庙会虽然并未在名称上体现庙宇的名字，但其背后的吴山景区内的城隍阁景群为其提供了强大的支撑。在吴山庙会期间，游客们不仅可以欣赏各种传统的表演活动，还可以参与祭神活动，感受浓厚的民俗文化氛围。

随着旅游业的兴起，庙会也成了吸引游客的重要手段之一。许多地方政府和景区都纷纷举办各种形式的庙会活动，以吸引更多的游客前来参观和游玩。这些庙会活动不仅丰富了当地的文化旅游资源，也推动了当地经济的发展。此外，庙会还成为当地居民和游客交流互动的重要场所，促进了社区的发展和文化的交流。庙会作为中国传统文化的重要组成部分，随着时代的变迁而不断发展变化。虽然一些乡镇和城镇边缘地区的庙会已经失去了原有的宗教色彩，但城市中的新型庙会和著名景点附近的庙会仍然以其独特的魅力和丰富的内涵吸引着人们的目光。这些庙会不仅为人们提供了一个商贸平台，更是一个展示中国传统文化和民俗风情的重要舞台。

吴山庙会作为杭州的一大文化名片，需要不断创新和发展。只有在保持传统特色的基础上不断创新、不断进步，才能更好地契合现代城市的发展，焕发新的活力。同时，加强对传统文化的保护和传承至关重要，让更多的人认识和了解吴山庙会这一独特的文化现象，将为城市的文化繁荣和发展贡献更大的力量。

5.4.1　商业贸易活动的兴盛活跃

近年来，随着对地摊经济的管理规范化、政策支持化、消费时段转型等，让消费者的夜间活动习惯和消费偏好也发生了变化。全国各地地摊经济、夜经济及集市经济均呈现出迅猛的增长态势。诸多地摊聚集之地，已成为游客竞相前往的热门打卡点。事实上，摆地摊并非现代社会的独创。在古代，地摊的繁荣程度直接反映了该朝代或地区的经济昌盛情况。提及古代由地摊所形成的集市，杭州西湖一带的香市堪称地摊经济与旅游完美融合的典范。香市，作为一种独特的商业市场形态，其历史可追溯到唐宋时期。那时的香市活动多样，内容丰富多彩，兼具娱乐性质。进入明清时期，围绕宗教场所（仪式）而形成的娱乐活动以及商贸活动日益兴盛，香市庙会逐渐由宗教性为主向市集性为主转变，进而演化成一种特殊的商业经济形态。尽管在庙会的发展历程中，祭神活动始终占据重要地位，但随着社会经济的持续发展，庙会的功能也在逐步演变。如今，部分庙会已逐渐脱离原有的宗教色彩，转型为以经济活动为主导的庙市或集会，这一现象在现代乡镇中尤为显著。

明清时期，江南地区的香市活动颇为普遍，其中尤以杭州西湖地区为盛。明代文学家张岱《陶庵梦忆》卷七"西湖香市"中有记载："殿中边甬道上下、池左右、山门内外，有屋则摊，无屋则厂，厂外又棚，棚外又摊，寸寸节节。凡胭脂簪珥、牙尺剪刀，以至经典木鱼、伢儿嬉具之类，无不集。"从此文可知，每年的农历二月初至五月初五期间，各地群众利用农闲时节，纷纷来到西湖一带的寺院烧香礼佛、游览观光，并购买日用品和土特产。这种风俗逐渐形成了集市。昭庆寺内的甬道上下、池塘左右、山门内外，只要有空地就有人摆摊设厂（棚舍），厂外又有棚架，棚外又有摊位，可谓寸寸节节都是市集的痕迹。市场上的商品琳琅满目，从簪珥、牙尺、剪刀、木鱼到儿童玩具等无所不包。香市期间，各类商人纷纷陈列货物，竞相交易，场面热闹非凡。整个香市绵延数十里，宛如一个季节性的商业市镇，其繁华程度丝毫不亚于今日的地摊市场。尽管并非所有寺院庙观都能像昭庆寺那样热闹非凡，但杭州全城数百上千座寺院香市所带来的贸易流通量和经济收入占比仍然不可小觑。

范祖述在《杭俗遗风》提到，清嘉道年间苏松嘉湖"各乡村民男女坐船而来杭州进香者，……延有月余之久"。这些香客与当地居民为西湖周边形成繁盛的市集提供了人气。在此期间，西湖岸边无留船，寓所无留客，商铺无存货。香客们"如逃如逐，如奔如追"，络绎不绝。数以百万计的男女老少，在寺庙前后左右聚集，这种盛况持续了整整4个月。恐怕在大江以东，再也找不到像这样繁华的地方了。

吴山庙会便是这一转变的生动例证。作为现代化的城市庙会，吴山庙会中的祭神活动已经不再是唯一的重点。由于吴山景区位于杭州的城市核心位置，其经贸交流活动和民俗风情展示的传播效果得以大大增强。

在吴山庙会中，人们可以感受到浓厚的商业氛围和多元化的活动内容。游客纷纷涌向喧闹的庙会集市，浏览五花八门的商品，品尝地道的美食，尽情享受购物的乐趣。同时，他们也可以在游玩之后前往城隍阁景群、伍公山景群、阮公祠景群、三茅观景群、革命烈士纪念园区、云居山风景山林区等地，欣赏美丽的自然风光，感受悠久的历史文化。这种转变不仅丰富了庙会的内容，也更好地满足了现代游客的需求。在吴山庙会中，游客不仅可以领略传统宗教文化的魅力，还可以在购物和游玩的过程中感受现代城市的活力与繁华。这种融合传统与现代元素的庙会形式，不仅吸引了大量游客前来参与，也为当地的经济发展注入了新的活力。

江南一带地域广阔，各地香市也各有特色，为什么杭州吴山最负盛名？究其原因有如下几方面。

首先，杭州具备得天独厚的交通优势。自古以来，交通的便利便是地区经济文化交流的重要基础。虽然古代交通不如现代发达，但杭州凭借其卓越的水路交通条件，早在隋炀帝时期就因人工开凿的大运河而成为南北交通的要冲。此后，西湖的多次疏浚营建更进一步完善了交通设施，为各地香客、游客赶香市提供了极大的便利。其次，杭州拥有宜人的自然风光。美丽的西湖及其周边三十里的湖光山色，不仅吸引了无数游人驻足观赏，也为举办香市提供了得天独厚的背景。香市借此宗教形式，吸引了各地香客前来进香、游览，进一步提升了杭州的知名度和影响力。其次，杭州寺院庙宇众多。自东晋咸和元年（326年）创建灵隐寺起，至清代杭州的寺院数量已超过 2 000 座，其中包括闻名遐迩的灵隐寺、净慈寺、永福寺、韬光寺等。此外，杭州还有福星观、黄龙洞、城隍庙等宫观。这些宗教场所不仅吸引了大量信徒，也为香市贸易提供了稳定的人流基础。最后，行业组织的积极参与也是杭州香市繁荣的重要原因之一。在古代，商业同行为了共同利益，纷纷加入行会、公所或会馆等民间组织。这些组织及其背后的工商人士、乡绅地主看到了香市背后蕴藏的巨大商机，纷纷出资、出力举办各种慈善活动、香市庙会等，借此聚集人气，促进产业发展。可见，杭州吴山之所以在江南各地香市中独领风骚，得益于其便捷的交通条件、宜人的风光条件、众多的寺院庙宇以及行业组织的积极参与。这些因素共同推动了杭州香市的繁荣与发展。

吴山庙会作为现代化的城市庙会，已经逐渐脱离了原始的宗教色彩，转变为以经济活动和文化交流为主的综合性集会。这种转变不仅丰富了庙会的内容，也更好地满足了现代游客的需求。在未来的发展中，吴山庙会应继续弘扬传统文化，同时不断创新活动内容，为游客带来更加丰富多彩的体验。

5.4.2 民俗风情活动的繁荣发展

随着社会的快速发展和科技的日新月异，传统的祭神祈祷活动在城市中逐渐减少，而庙会这一古老又富有民俗风情的活动却逐渐焕发新的活力。作为中国传统文化的重要组成部分，庙会以其丰富多彩的活动形式，吸引着越来越多的游客。现代城市庙会中的活动五花八门，其中，富有艺术审美特点的文艺表演尤为引人注目。在2024年的上海龙华庙会期间，各种民间文艺表演如花鼓戏、髦儿戏、皮影戏、传统武术等纷纷上演，为游客呈现了一场场视听盛宴。这些表演不仅展现了中国传统文化的魅力，更让人们沉浸在浓郁的民俗风情中。此外，庙会上还汇聚了众多民间艺人的手工艺品展示和表演。这些手工艺品精美绝伦，充满地方特色和文化底蕴，如古色古香的陶器、细腻的刺绣、精美的剪纸等。它们不仅展示了民间艺人的精湛技艺，更让人们领略到传统文化的独特魅力。与此同时，庙会上售卖的商品也散发着浓厚的地方特色，地方特产、传统小吃等应有尽有。这些商品不仅满足了游客的购物需求，更让人们品尝到地道的地方美食，感受到传统与现代完美融合的庙会氛围。

尽管现代社会的高科技商品和技术展示在庙会上也占有一席之地，但相比之下，古色古香的手工艺品和富有民俗风情的文艺表演更受游客喜爱。这反映出在快节奏的现代生活中，人们更加渴望接触和了解传统文化和民俗风情，寻找心灵的寄托和文化的归属。可以说，丰富多彩的民间文艺表演和传统手工艺品展示活动，是由传统严肃的庙会祭神活动转化而来的新的活动形式。这些活动不仅丰富了庙会的内容，更让现代人在忙碌的生活中找到了心灵的寄托和文化的归属。这些庙会活动不仅吸引了大量游客，更营造出庙会热闹的氛围，成为城市文化生活中不可或缺的一部分。同时，多种多样的庙会活动也是对各时期各地文化的宣传。通过这些活动，人们可以更加深入地了解不同地区的文化特色和历史背景，从而增强对传统文化的认识，提升对传统文化的尊重。这种文化的传承和弘扬，不仅有助于提升人们的文化素养，也为城市的发展注入了新的活力，让人们在欣赏精彩表演、品味美食的同时，感受中国传统文化的博大精深和独特魅力。

5.4.3　文化节庆活动的新局面

随着时代的变迁，庙会这一古老的传统活动也在不断地发展和演变。除了城市中的现代化庙会之外，景区庙会也呈现出新的发展趋势。特别是那些位于著名大型景区中的庙会，它们逐渐从独立、单一的庙会形式，转变为综合性的景区民俗旅游文化节庆活动。

以吴山庙会为例，这一历史悠久的庙会活动自古以来就是杭州市民和游客喜爱的盛事。早在 2008 年，吴山庙会就被浙江省人民政府列入第二批浙江省级非物质文化遗产保护名录，这足以证明其在文化传承方面的重要地位。进入 21 世纪，吴山庙会更是紧跟时代步伐，不断创新和发展。

2021 年的吴山庙会活动就是一个很好的例子。这次庙会成为 2021 年南宋文化节的爆点之一，通过丰富多彩的活动，让游客感受了宋韵文化的魅力。吴山庙会作为杭州市融购物、敬香、旅游为一体的大型庙会，具有独特的魅力。其会期持续时间长，活动项目涉及范围广，吸引了大量游客前来参与。游客可以在庙会上品尝到各种美食，购买各种特色商品，还能欣赏各种传统表演和民间艺术。这种综合性的景区民俗旅游文化节，不仅丰富了游客的旅游体验，也为景区起到了很好的宣传作用。

此外，吴山庙会还注重与现代科技的结合。例如，通过社交媒体平台，吴山庙会能够更广泛地传播活动信息，吸引更多年轻游客的关注和参与。同时，虚拟现实、增强现实等现代科技手段的应用，增强了游玩的趣味性和互动性，游客还能在庙会中体验到更加逼真和生动的数字化场景。除吴山庙会外，其他著名大型景区中的庙会也在不断创新。这些庙会活动不仅保留了传统的文化元素，还融入了现代元素和时尚元素，形成了独具特色的景区民俗旅游文化节庆活动。这些活动不仅吸引了大量游客前来参与，也为当地经济发展和文化传承做出了积极贡献。随着时代的变迁和社会的发展，景区庙会正在呈现出新的发展趋势。

5.5 吴山庙会与城市景区相结合的开发策略

城市庙会和景区庙会正在逐渐演变为民俗旅游文化节，这种发展趋势不仅推动了庙会自身的升级与完善，还促进了当地文化旅游资源的深度挖掘与合理利用。通过吸引更多的游客，庙会能够为当地带来显著的经济效益与社会效益，进一步激发地域文化的生命力，实现可持续的繁荣发展。

5.5.1 吴山庙会客流量及经济效益

吴山庙会历史悠久，历来是市民与游客汇聚之地。其举办吸引了大量本地及外地游客前来参与。在现代化进程中，受商品经济与现代文化的影响，吴山庙会已逐渐转型为集购物、进香、旅游于一体的综合性民俗文化盛会。

现代人参与庙会，不仅为了购物、娱乐，更在于体验与日常生活迥异的风土人情，寻求心灵的放松与洗涤。城市庙会的举办，为当地居民及附近地区市民提供了一个感受民俗文化、释放压力的平台。此外，城市庙会的举办不仅吸引了大量游客，更显著提升了经济效益。游客在庙会各类活动项目中的消费，为庙会带来了可观的收入。同时，庙会也为周边旅游景区带来了远超日常的客流量与经济效益，这是庙会对城市旅游业发展的直接贡献。

5.5.2　逐渐形成完善的规模化旅游景区

在探索城市景点的发展路径时，必须要认识到仅仅对景点本身进行完善和开发是远远不够的。为了吸引更多的游客，必须围绕这些景点，精心打造一系列配套设施，从而形成一个具有吸引力的旅游景区。这样的景区不仅能为游客提供丰富的旅游体验，还能带来可观的经济效益和社会效益。

以吴山庙会为例，这一传统活动的举办，不仅丰富了城市公众的文化生活，也为当地带来了显著的经济效益。庙会期间，大量游客涌入，不仅促进了景区内各种资源的合理配置，还推动了设施的不断完善。更重要的是，庙会的举办为城市景点的发展注入了新的活力，推动了具有规模化的城市旅游景区的形成。

为了进一步发挥庙会的潜力，可以考虑以吴山庙会文化为主题，打造一条集美食、住宿、旅游、购物、娱乐于一体的商业文化街区。这样的街区不仅能为游客提供一站式的旅游服务，还能吸引更多的商铺长期入驻，形成一定的市场规模。通过与节气、传统节日等时令活动的配合，可以迅速完成招商工作，确保在庙会期间吸引大量游客的到来。在庙会举办后，街区内不仅拥有了完善的旅游配套设施，还能因街区知名度的提高而吸引更多的游客和商家。这样的良性循环将不断推动城市景点的发展，使之成为一个充满活力和吸引力的旅游目的地。通过精心打造配套设施、举办具有特色的文化活动以及结合时令活动进行招商，可以有效地推动城市景点的发展，形成一个具有规模化的旅游景区。这样的景区不仅能吸引更多游客，还能为城市带来可观的经济效益和社会效益，实现旅游业的可持续发展。

5.5.3　景区的重建与庙会文化空间的重构

1. 对吴山景区进行精准定位

吴山景区的核心景观资源涵盖古树清泉、奇岩怪石、祠庙寺观、民俗风情以及名人遗迹等。在规划设计中，吴山景区被定位为集山林景色、历史文化和民俗风情于一体的独特风景游览区，凸显出当地的风貌与特色。在设计原则上，充分利用吴山的历史与地理优势，深入挖掘并展示该地区丰富的历史文化底蕴。通过精心的园林景观设计，将山上与山下分散的景点巧妙串联，构建一个完美融合城市与自然的景区，实现城市和自然和谐共生。吴山景区拥有众多山泉资源，但受人为活动及山体变化的影响，部分区域的水质遭受污染，泉水景观有所衰退。例如，泼水观音区域虽香火旺盛，然而这在一定程度上影响了该地的自然景观。为此，建议对吴山地区具有历史价值的泉井进行深入调查，并根据调查结果对受损的景观进行整治，以期恢复吴山原有的水景风貌。除保护景区内水景等原始风貌之外，保留近代西洋、民国建筑，修缮明清老房子，有机更新南宋御街，也成为吴山景区改造的核心工作。

2. 深入挖掘吴山历史文化内涵，提升文化水平

吴山地区涵盖了祭祀历史人物、上古传说之神，以及儒、释、道三教供奉对象的庙宇。历史上曾有"吴山七十二庙"之说。然而，由于年代久远，许多庙宇已废用。目前重建的庙宇如周新祠、伍公庙、宝成寺等规模较小，游客停留时间较短。为此，建议对重建的庙宇、历史上著名的庙宇旧址及群众自发烧香处进行深入考察，并结合游客和景观规划的需求，扩大现有庙宇规模，增加庙宇建筑，进一步挖掘文物古迹的历史内容和考古意义，以提升吴山庙宇文化的深度和广度。

3. 丰富吴山风俗活动，衍生商业价值

吴山自古以来便是杭州民众喜爱的游览胜地，既有烧香祭拜的信仰活动，也有逛庙会的娱乐活动。如今，吴山脚下的区域已纳入上城区管辖范围，花鸟市场和河坊街民俗商业街亦颇具规模。因此，建议吴山有关机构充分利用其山地特色，举行与糖画、剪纸、草编、扇面画、唱戏、武术等吴山庙会特有风俗活动相关的表演或举办与养生、宋韵文化相关的培训，吸引市民上山消费。除传统项目外，还可开辟攀岩、宿营、野炊、定向运

动、民俗体验、婚纱摄影、花事展览等项目的专用场地。此外，建设百鸟园、采果园、教稼园、珍稀植物区等也是增加吴山人气的有效途径。吴山商圈东起中河中路，南倚吴山风景区，西至南山路，北至西湖大道，辖区面积达2.2平方千米，商圈营业面积约35万平方米；商圈内既有像王星记、张小泉、万隆火腿栈等杭州百年老店，也有清河坊历史街区、西湖银泰综合体、南山路品质消费街、劳动路南宋艺街等集聚人气的文旅消费地标。

4. 修复吴山历史遗迹，打造文旅行业特色

从春秋时期至民国，吴山一带留下了丰富的名人活动遗迹，包括居所遗址、摩崖石刻、楹联诗句等。为此，建议对这些名人遗迹进行重新整理筛选，或建立吴山名人诗句纪念馆，或根据诗句意境营造园林景观供游客参观游览。目前，城隍阁景群、伍公山景群、阮公祠景群、三茅观景群等景区内的一些著名遗址已恢复重建，并展示了相关文化内容。如规划得当，对一些在历史上具有重要影响的遗址如有美堂遗址等，可考虑进行补充恢复。目前，吴山的旅游活动主要局限于烧香游或城隍游，游客逗留时间较短。因此，建议在景点增设改造及游览线路整合后，结合山下鼓楼、河坊街等地，开辟寺庙文化之旅、摩崖石刻之旅、历史文教之旅、民俗风情之旅、奇石古洞之旅、休闲嬉戏之旅等特色旅游线路。此外，还可根据历史文献如《仁庙五巡江南日录》中康熙皇帝巡游吴山的记载，开辟吴山皇帝巡游之旅等特色文旅项目。同时，开发特色小吃、特色物品等旅游产品供游客购买，并模仿原四宜路上吴山脚下的吴山驿的形式，建设青年旅舍，使游客可看、可玩、可游、可宿。

5. 重塑河坊街杭城之魂，活化南宋繁华历史

坐落于吴山北麓的清河坊历史街区，有着河坊街和南宋御街两条主街。它是杭州历史文化的一个缩影，自古以来见证了杭州的繁荣。清河坊历史街区是杭州目前保存最完整的旧街区，是一条有着悠久历史和深厚文化底蕴的古街。它曾是古代都城杭州的"皇城根儿"，更是南宋的

文化中心和经贸中心。

河坊街旧称清河坊，因有清河郡王府在此。其名字的由来，与当时的太师张俊息息相关，他被封为清河郡王，其住宅位于当时的御街太平巷，因此这片区域被命名为清河坊。南宋时期，清河坊商铺林立，酒楼茶肆遍布，是当时杭州的政治、文化中心，同时也是商贾云集的繁华地带。历经元、明、清及民国时期，直至解放初期，清河坊一直是杭州的商业繁荣之地。许多享有盛誉的百年老店，如王星记、张小泉、万隆火腿栈、胡庆余堂、方回春堂、叶种德堂、保和堂、状元馆、王润兴、义源金店、景阳观、羊汤饭店等均集中在这一区域（见图5.8～图5.10），

图5.8　民国时期胡庆余堂简介

（图片来源：作者摄于杭州博物馆）

图5.9　民国时期张小泉近记剪号简介

（图片来源：作者摄于杭州博物馆）

图5.10 民国时期王星记海报及简介

（图片来源：作者摄于杭州博物馆）

朱炳仁铜雕艺术博物馆更是清河坊重要的文化艺术展示点。

经改造，河坊街于2002年10月重新对公众开放。其改造工程旨在重现清末民初的风貌特色，强调商业、药业、建筑等多元素的和谐统一，从而凸显其深厚的文化价值。为确保历史的真实性、文化的连续性和街区风貌的完整性，河坊街被规划为步行街。作为杭州历史文化风貌的标志性街道，河坊街在西湖申请世界历史文化遗产的过程中起到了至关重要的作用。其修复与改造工作不仅重现了杭州的历史脉络，还为这座城市留下了宝贵的历史文化遗产。

历史上，河坊街曾是杭州的商业中心，享有"前朝后市"的美誉。其中，前朝指的是凤凰山南宋皇城，而后市则指的是河坊街及其周边地区。历史上，这一区域始终保持着商业繁荣。许多历史悠久的店铺都聚集在这里，见证了杭州商业的繁荣与发展。

清河坊自宋朝开始逐渐兴起，至清朝达到鼎盛。如今，街区内仍保留有众多明末清初的古建筑，如历史悠久的胡庆余堂（见图5.11）、万隆火腿庄和羊汤饭店等。尽管历经数百年的风雨洗礼，它们依然保持着原有的风貌与韵味。然而，随着杭州旧城改造的推进，许多古街老店等珍贵的历史建筑正面临消失的危险。据统计，目前杭州超过70%的古城区已经不复存在。位于河坊街与中山中路交汇处的"四拐角"，不仅曾

图5.11　河坊街胡庆余堂

（图片来源：作者摄于杭州吴山河坊街）

是近代杭州最繁华的商业中心之一，也是杭州市区唯一保持古城历史风貌的老街，更是杭州古城中唯一一块保存完好的历史区域。这里汇聚了孔凤春、方回春堂等知名百年老店，四周环绕着名人故居，各种建筑风格相互辉映，共同勾勒出了杭州独特而丰富的历史文化画卷。

如今距离开街已20多年过去，时代的车轮下，清河坊历史街区变得更潮、更新，不变的依然是这里浓浓的宋韵风情。2020年，浙江省全面启动高品质步行街建设试点工作，清河坊历史街区名列其中。此后上城区政府紧锣密鼓启动改造提升工作，针对总体规划、商业业态、综合管理、文化传承、智慧赋能等5个方面问题启动集中破题程序，并深度结合了南宋文化、老杭州市井文化、非物质文化遗产老字号文化、工匠文化、潮流文化，致力于打造更丰富的文化内涵。

2020年国庆前，经过改造的清河坊历史街区以崭新面貌亮相，宋韵文化、市井风情在此融汇，传统业态与新兴经济相得益彰。这里成为上城区展示宋韵文化的重要窗口。

河坊街，浓缩了杭州古都风俗民情，因保留有明清时期的古风而备受瞩目（见图5.12）。沿街可见经营玉器、明清瓷器、名人字画的古董店，身着长袍、手持长嘴铜茶壶的茶博士，售卖麦芽糖块的男子，也身

图5.12　吴山河坊街

（图片来源：作者摄于杭州河坊街）

着长衫，手摇拨浪鼓，以传统方式招徕顾客。青石板铺就的路面、青白色的骑墙、古色古香的牌楼，共同营造出浓厚的古风氛围。因此，河坊街得天独厚的地理位置和独特氛围，使其成为吴山庙会的主要会场。

经过改造的清河坊历史街区，正逐步形成集文化、娱乐、商业及游览于一体的特色街区。其修复和改造工作，为杭州保留了一份珍贵的历史文化遗产。自2000年4月起，上城区政府对清河坊历史街区的历史建筑群进行保护，并依照修旧如旧的原则进行改造。目前，清河坊历史街区占地1 366公顷（3.66平方千米），在业态布局上，除保留区内著名的老字号外，还通过招租、联营等方式引入经营古玩、字画、旅游纪念品、工艺品、杭州及各地名土特产等符合街区历史文化氛围的商家，形成了良性循环。

经过严谨策划与组织，2023年吴山庙会暨伍子胥祭祀典礼系列活动，在清河坊历史街区隆重揭幕。自2004年起，此项活动已连续19年在清河坊历史街区成功举办，不仅成为杭嘉湖地区规模最大、历史底蕴最为深厚的庙会之一，而且成为展现杭州独特风土人情的重要文化节庆。

2023年，为预热吴山庙会，清河坊历史街区特别推出了宋韵剧本游活动，通过精心设计的古风沉浸式体验，让游客在参与中更深入地了解吴山庙会的文化内涵。身着汉服的数字人导游与游客互动，让宋韵文化在轻松愉快的氛围中得以传播。自2010年，伍公祭已成为吴山庙会的一大亮点。为确保此次伍子胥祭祀典礼的庄重与神圣，主办方特邀了相关历史文化专家参与仪式流程的制订与审核。同时，吴山庙会系列活动融入了丰富的宋学宋艺元素，使传统文化习俗更贴近群众生活，更易于被接受。

祭祀大典结束后，清河坊历史街区内的艺术巡游队伍与传统技艺传承人共同呈现了精彩的传统文化展示与手工艺表演。如今的清河坊历史街区，传统与现代交相辉映，古风与潮流相得益彰。这种"时代的反差感"为街区注入了新的活力，使其成为杭州本地居民常来之地，也吸引了众多外地游客前来探访。

2024年，第三批夜间文化和旅游消费集聚地名单显示，清河坊历史街区成为第一批集聚地。成功入选国家级夜间文化和旅游消费集聚区。在吴山商圈，游客还能领略杭城夜色中的独特魅力。借助先进的光影技术，清河坊历史街区的白墙黛瓦在夜色中熠熠生辉，营造出令人陶醉的夜间氛围。街区核心点位结合宋韵主题，推出了沉浸式游戏剧场、沉浸式剧本杀、夜游市集等丰富多彩的活动，形成了各具特色的宋韵体验线路。这不仅传播了宋韵文化，也有效拉动了街区的文旅消费。

"八百里湖山，知是何年图画；十万家烟火，尽归此处楼台。"明代江南才子徐渭写就的这副对联，是对古代杭城吴山和清河坊地区繁华景象的真实描绘。而今，清河坊历史街区保留了历史文脉，恢复了方回春堂、保和堂、种德堂老字号中药店和万隆火腿庄、王星记扇子、荣宝斋，又新引进了世界钱币博物馆、观复古典艺术博物馆、雅风堂馆、浙江古陶器收藏馆、龙泉官窑展馆及各种工艺品、艺术品店等特色店馆，集游、观和住、吃、购、娱于一体的步行街区再现昔日繁华。清河坊历史街区已成为具有杭城特色、环境典雅、功能完备、管理规范的步行街区和杭城新的商贸旅游热点。图5.13为吴山庙会饮食文化海报。

清河坊历史街区，是杭州最具宋韵之地，如何实现宋韵文化活态传承？

2023年上半年，清波街道的"宋韵最杭州"传统风貌样板区，凭借其独特魅力，成功入选浙江省首批新时代富春山居图样板区。该项目

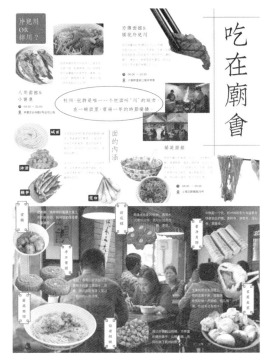

图5.13 吴山庙会饮食文化海报

（图片来源：作者团队绘）

不仅展现了古都、开放、美学、乐活的多元宋韵文化，还融合了自然、传统、现代、和谐的杭州城市意象。风貌样板区内的城隍阁、吴山广场、吴山天风等阁楼牌坊与景观小品相互辉映，而新增设的夜游项目更是将南宋都城的江、山、湖、城美景一网打尽。此外，该样板风貌区按照皇家文化、南宋风情、古都商业、宋学经典、宫廷养生5大板块进行布局，汇集了中医药养生、特色美食、制作技艺等各级各类非物质文化遗产项目共计40余个，形成了非物质文化遗产传承的体系效应。由此可见，宋韵文化的传承与发展，需要借助合适的载体，使其更加贴近百姓生活，让更多人能够亲身感受其魅力。如图5.14所示的匠心市集就是宋韵文化活态传承的一种形式。

历经千年沧桑的古街与现代潮流的交融，将如何绽放新的光彩？

在鼓楼的入口处，一座南宋书房静静矗立。其不对称的屋顶、宽

图5.14　吴山清河坊历史街区的杭州匠心市集

（图片来源：作者摄于杭州河坊街）

敞的落地窗与古朴的青砖地面，共同勾勒出一幅独特的拟古历史画卷。灰色的瓦楞更增添了一抹历史的厚重感。这家书房巧妙地融合了宋韵文化体验点与网红书店的元素，既在建筑设计上展现了深厚的历史感，又体现了现代生活的艺术气息，成为游客探寻南宋历史与文化的崭新窗口。不远处的大井巷，虽全长不足300米，却已成为杭州著名的网红咖啡一条街。这里汇聚了大井咖啡、精品咖啡馆资董窝玺、逗柴屋以及跻身全球前列的铁手咖啡制造局等众多知名品牌首店。这些新兴力量的加入，为清河坊历史街区注入了年轻、潮流的气息，使其在众多商业街区中脱颖而出。

　　诸多品牌店利用清河坊历史街区这一新空间引领消费潮流，也为打造数智时尚消费第一区提供了亮点。河坊街在提升工匠亭文化体验线方面也成功打造了汇聚非物质文化遗产、老字号的杭州工匠街和民俗文化街。截至2024年9月，景区内引入30余家主理人品牌塑造特色消费场景，彰显了清河坊历史街区在文化传承与商业发展方面的独特魅力。经过改造，古风情怀与现代商业氛围相融合，数字科技与历史故事交相辉映，潮流文化与传统文化在此碰撞出火花。老杭州的记忆与新杭州的特色在清河坊历史街区的多维文化空间中得以完美呈现，使其在众多街区中独树一帜。

作为风貌区的核心区，吴山脚下的清河坊历史街区是"杭州人常来，外地人必到"之处。作为上城文化传承与复兴的主阵地，清河坊历史街区一直致力于挖掘宋韵文化底蕴和元素，保持历史的真实性、文化的延续性和风貌的整体性。同时，有关团队与文创企业合作开发设计宋韵文化、地域特色和现代美学相结合的"南宋皇城"系列文创产品，为文旅产业注入新鲜元素。2023年6月，一场"宋朝文化派对"在清河坊历史街区精彩亮相，吸引了众多市民、游客参与。现场设有茶、香、绸、饰、妆等文化专场，游客可沉浸式体验画宋妆、点茶、制扇、刻章、投壶等活动。依托宋韵文化特色，持续办好特色文化活动，这极大地促进了上城文旅的蓬勃发展。据统计，2023年1至6月，上城区全域旅游接待游客累计3 050.78万人次，同比增加48.97%，持续保持杭州全市第一；住宿企业营业额同比增速75.8%，持续保持全市第二[①]。

带着辉煌历史，走进繁华当下。欲展现共同富裕、美好社会的图景，需要让文化成为最富魅力、最吸引人、最具辨识度的标识。作为上城文化传承与复兴的主阵地、文旅融合发展的主载体、提振消费信心的主平台之一，清河坊历史街区将致力于打造具有鲜明文化特色和综合互动的南宋文化体验园，全力打造宋韵文化传承展示样板，成为展示杭州历史底蕴的重要窗口、彰显文化魅力的重要标杆、体验宋韵文化的重要高地。

2021年，清河坊历史街区推出首个以宋韵为主题的原创街区剧本体验。游客通过参与剧情，能够"穿越时空"，回到800年前的南宋临安，

---

① 数据来源：《杭州上城：古今交融　打造"宋韵文化新高地"》，载于"人民网-浙江频道"，2023年8月18日。

并与辛弃疾、岳飞等历史人物进行互动。清河坊历史街区内的宋韵特色 NPC 和精心设计的剧本，为游客带来沉浸式的体验，备受好评。同年 10 月，清河坊历史街区更是以"宋韵风情月"为主题，举办了一系列宋韵文化活动，如戏曲快闪店、华服影像体验、非物质文化遗产民乐体验等，旨在推动传统文化与流行文化的融合，为清河坊历史街区打造一张新的宋韵名片。

在 2023 年河坊街开街 20 周年主题活动暨宋韵文化项目发布会上，宋韵文化传承的五大工程正式公布。这五大工程包括宋韵研学游、宋韵文创汇、宋韵微展厅、宋韵文艺精品和宋韵品牌传播。其中，宋韵文创汇工程将携手重点文创企业、设计师、工艺大师和匠人，围绕宋韵 IP 打造一系列具有独特辨识度和广泛受众的文创产品，并在街区进行展示和销售。同时，千百乡村传统匠人孵化基地工程也正式启动。在 2022 年杭州亚运会期间，清河坊历史街区通过调整业态和注入南宋文化元素，成功打造成为"历史街区标杆样板"。这不仅为杭州向全世界展示其深厚的历史文化底蕴和南宋文化提供了绝佳的窗口，也让南宋文化更加深入人心，走向世界。

5.6 吴山庙会文化传承与文化街区开发的意义

城市，作为人类文明的结晶，不仅是人口聚集的居住地，更是文化交融、传承的载体。每一座城市，在历史的长河中，都形成了自己独特而丰富的城市文化。这些文化不仅代表着城市的过去与现在，更是城市未来发展的灵魂。然而，随着现代化、工业化的步伐加快，许多城市的传统文化逐渐消减，取而代之的是大众化的现代文化，这使得城市文化逐渐失去特色和个性。

在这样的背景下，吴山庙会作为一种具有深厚历史底蕴和鲜明地方特色的文化活动，显得尤为珍贵。吴山庙会不仅是杭州市民的重要节日，更是杭州城市文化的重要组成部分。它承载着杭州人民的历史记忆，传承着杭州的传统文化，是杭州区别于其他城市的独特文化符号。因此，对吴山庙会相关历史文化景点进行开发，对发展杭州市城市文化具有重要意义。

然而，尽管吴山庙会在杭州本地有着广泛的影响力和深厚的群众基础，但在全国乃至全球范围内，其知名度和影响力仍有待提升。这在一定程度上限制了杭州城市文化的传播和发展。因此，对吴山庙会相关历史文化景点进行开发，不仅是对杭州城市文化的传承和保护，更是对杭州城市文化的发扬和推广。

通过举办庙会市集、古玩市场等多种形式的集会活动，可以进一步挖掘和展示吴山庙会的文化内涵，吸引更多的游客参与，提高吴山庙会的知名度和影响力。同时，对商业文化街区进行详细的规划和建设，与附近的商圈广场联结，形成一体的旅游娱乐路线，不仅可以丰富游客的旅游体验，还可以带动周边商业的发展，促进城市经济的繁荣。此外，吴山庙会和文化街区的开发还有助于提升杭州市民的文化素养和文化归属感。通过参与庙会和文化街区的活动，市民可以更加深入地了解和体验杭州的传统文化，增强对城市的认同感和归属感。同时，这些活动也为市民提供了更多的文化娱乐选择，丰富了市民的精神文化生活。

可见，吴山庙会文化传承与文化街区开发对于杭州城市文化的发展具有重要意义。它不仅是对杭州传统文化的传承和保护，更是对杭州城市文化的发扬和推广。通过深入挖掘和展示吴山庙会的文化内涵，打造具有地方特色的文化品牌，可以有效提升杭州的知名度和影响力，促进城市文化的繁荣和发展。同时，这些活动也为市民提供了更多的文化娱乐选择，丰富了市民的精神文化生活，增强了市民的归属感和凝聚力。因此，市民应该积极支持和参与吴山庙会和文化街区的开发活动，共同推动杭州城市文化的繁荣和发展。

庙会作为中国传统文化的重要组成部分，不仅承载着丰富的民俗文化内涵，还发挥着重要的经济和社会功能。在未来的发展中，应该继续保护和传承这一传统文化活动，让更多的人了解和体验中国传统文化的魅力。同时，也应该积极探索和创新庙会的形式和内容，使其更加符合现代社会的需求和审美观念，为传承和发展中国传统文化做出更大的贡献。

第6章

浙江庙会部分经典活动案例分享

　　浙江的庙会，作为中国传统文化的重要组成部分，承载着丰富的民俗风情和历史记忆。本章将通过分享近几年特色鲜明、形式丰富的庙会活动案例，向读者介绍浙江地区或浙江参与的独特的庙会文化风情，也期望能点燃大家对庙会文化传承与创新发展的激情。通过记录这些活动的经典瞬间，带领读者走进丰富多彩的文化盛宴，望读者能更加全面地了解浙江庙会的魅力所在，以及它们在当代社会中的地位和作用。

6.1　案例一：2023年第十届中国大运河庙会（杭州）

　　历经千年的运河，不仅是一条见证历史沧桑的长河，更是一条汇聚多元精髓的文化动脉。在这流动的文化血脉中，庙会文化以其悠久的历史和深厚的内涵，成为运河文脉生生不息的鲜明代表之一。这种文化现象自古至今一直流传，成为连接过去与现在、传承与创新的重要桥梁。

　　2023年第十届大运河庙会（杭州）以"北关庙市、潮味生活"为主题，联动大兜路历史文化街区、小河历史文化街区、桥西历史文化街区、运河天地文化艺术园区、运河天地等五大街区。值得一提的是，2023年还新增"运河映巷"这一游玩好去处。现场百余家摊位精彩互动，"庙趣满满"的打卡活动、文艺小资的手作市集、古韵十足的国风园游会、精彩纷呈的街区演艺让人流连忘返，更有野趣生活体验、"户外微醺"、露天电影等集文艺、古风、摩登为一体的潮流新玩乐。

本次庙会分设五大区域：香积寺广场、大兜路历史文化街区、小河历史文化街区、桥西历史文化街区、富义仓。各区域主题鲜明，市集配套活动内容精彩丰富。穿越国风游园盛会、古法制品、花酒茶衣、原创手作……摊主们不同的创想与灵感碰撞出火花。

大兜路历史文化街区以"妙享禅市"为主旨，巧妙地将新中式文创与国风潮物融入传统庙会之中。80余家禅市摊主汇集庙会，以风味美食、文创好物、非物质文化遗产手作为主要内容，现场充满民众记忆里的禅意中国风。此外，逛"妙享禅市"还可体验游园打卡兑好礼、杭州郎朗艺术世界的表演；可参与猜灯谜、投壶、踢毽子等国风运动项目；浙江省中山医院和延庆堂的医生坐镇现场，给民众带来"国风养生趴"；国风游园会则可让人感受朋克养生、古琴演奏、汉服表演、武术、八段锦表演、卖货郎游街等精彩节目。

小河历史文化街区的主题为"寻香艺事"，街区有20余家文创香品市集摊位。食香、花香、熏香、果香……让游客体验了一把沉浸式选香。此外，游园敲章打卡、化身游戏NPC、寻找宝藏点、兑换礼物等一系列体验式游戏也吸引了无数年轻人。在小河历史文化街，还可以体验古法制作、花酒茶衣、原创手作，仿佛穿越到国风游园盛会。

桥西历史文化街区被打造成"雅趣茶集"，即以茶文化为主题的市集。30余位来自国内各地懂茶、爱茶的摊主展销着各类茶食品、茶香道等典雅古朴的产品。还有篆香、隔火空熏体验、游园寻香、换茶等互动环节，让浓郁的茶文化浸润着整个街区（见图6.1～图6.3）。桥西历史文化街区的非遗手工体验是市集活动的亮点之一。

6.2 案例二：世纪春望·2024盈丰街道元宵庙会

元宵节庙会活动的历史可追溯到汉朝，其起源与古代的"点灯节"紧密相连。据史书记载，汉武帝时期的元宵节，皇帝会点亮宫殿内外的

图6.1　2023年第十届中国大运河庙会（杭州）北街景

（图片来源：作者摄于杭州桥西历史文化街区）

图6.2　2023年第十届中国大运河庙会（杭州）北关市集现场1

（图片来源：作者摄于杭州桥西历史文化街区）

图6.3 2023年第十届中国大运河庙会（杭州）北关市集现场2

（图片来源：作者摄于杭州桥西历史文化街区）

灯笼以祭祀天地。这一习俗后来也被民众所采纳，成为家家户户点亮灯笼的传统。随着时间的推移，这一习俗逐渐演变成为民间盛大的灯节庆祝活动。

在2月24日，即农历正月十五，盈丰街道成功举办了"世纪春望·2024盈丰街道元宵庙会"。千盏元宵团圆灯在夜空中点亮，与盈丰街道美丽的城市景观交相辉映。庙会上，元宵灯会和古风造景成为亮点，吸引了大量游客驻足观赏。此外，祈福墙前，游客纷纷留下对龙年的美好祝愿。

活动现场，仿佛穿越时空，让人们回到了千年前的盛世。才子"贺知章"现身活动，带领游客一同领略千年前的元宵盛景。身着汉服的游客在庙会上漫步，仿佛置身于古代的繁华世界。与此同时，各类古风互动游戏如猜灯谜、飞花令、投壶、蹴鞠等也重现了古时庙会的盛景，让游客乐在其中。

除了传统民俗文化的展示之外，庙会还融入了现代元素。古风庙会上的交友互动环节为单身青年提供了相识的机会，让他们在浪漫的元宵夜中寻觅良缘。此外，古法杂技、汉服走秀、民乐表演、舞龙舞狮等精彩节目也轮番上演，为游客带来了一场视听盛宴。整场庙会充满了浓厚的节日氛围，展现了盈丰街道独特的年味文化（见图6.4～图6.6）。

元宵节庙会活动在文化传承方面扮演了举足轻重的角色。通过巧妙地将古老的庙会形式融入现代生活，它成功展示了中国传统文化的独特魅力。庙会活动不仅为人们提供了一个社交平台，促进了社区和亲友之间的紧密联系，还在推动地方经济发展方面发挥了积极作用。大量游客和市民的参与，无疑为庙会期间的商业活动注入了活力，显著提升了商

图6.4 "世纪春望·2024盈丰元宵庙会"现场1

（图片来源：作者摄于杭州萧山盈丰社区元宵庙会）

图6.5 "世纪春望·2024盈丰元宵庙会"现场2

（图片来源：作者摄于杭州萧山盈丰社区元宵庙会）

图6.6 "世纪春望·2024盈丰元宵庙会"现场3

（图片来源：作者摄于杭州萧山盈丰社区元宵庙会）

家的营业额，进而推动了当地旅游业的繁荣发展。元宵节庙会活动是一场融合了传统与现代的文化盛宴，它不仅丰富了运河人民的生活体验，还承传了中华民族优秀的传统文化。每年此时，庙会上灯火璀璨，热闹非凡，吸引了众多游客前来共享这一运河盛事。

6.3 案例三：2024年第26届新市蚕花庙会

随着含山轧蚕花成为国家级非物质文化遗产之一，每年清明假期前来含山体验蚕桑文化的游客络绎不绝；再加上当地政府的旅游营销和旅行社的积极策划，当前含山轧蚕花庙会已经成为清明小长假长三角地区的旅游热点项目之一。杭嘉湖平原这一古老悠久的蚕桑文化散发出灿烂的新光芒。近年来，文化发展呈现多元化的趋势，文化为经济服务的功能更加显现。原本祭拜蚕神、轧蚕花的活动也增添了不少商业气息。另外，地方工业发展步伐的加快导致从事农事活动人口数量的骤减，再加之丝绸业多年来的不景气，蚕桑养殖已不再是杭嘉湖平原地区的主导产业。这一变化直接影响了每年含山轧蚕花参与者的身份，即游客多于蚕农。可如今蚕花的象征意义已改变，主要成为游客旅游的纪念品。含山周边的几个乡镇为了发展地方旅游业，每年在当地专门组织蚕花庙会或者蚕花节等民俗活动，与含山轧蚕花展开竞争。

2024年4月3日—6日，第26届湖州新市蚕花庙会以"春来新市轧蚕花，沾得一生好福气"为主题，在新市古镇举办（见图6.7～图6.11）。舞龙、舞蹈、秧歌等队伍组成的方阵，簇拥着花轿在主要商业街区开展大巡游。蚕花姑娘在花轿里撒下寄托着美好祝福的蚕花和糖果，祈愿蚕桑丰收、风调雨顺。庙会再现了昔日清明轧蚕花的繁荣景象，向来自五湖四海的游客诠释江南古镇的蚕桑文化与大运河的魅力。除了保留传统的祈福礼、轧蚕花、大巡游等仪式之外，此次庙会还创新开展了水上蚕娘祈福仪式，设置包含非物质文化遗产区、美食区、体

图6.7　第26届新市蚕花庙会活动现场

（图片来源：作者摄于湖州新市古镇）

图6.8　第26届新市蚕花庙会市集

（图片来源：作者摄于湖州新市古镇）

图6.9　第26届新市蚕花庙会的非物质文
化遗产手工市集

（图片来源：作者摄于湖州新市古镇）

图6.10　第26届新市蚕花庙会的传统社
戏表演

（图片来源：作者摄于湖州新市古镇）

图6.11　第26届新市蚕花庙会的高杆船技表演
（图片来源：作者摄于湖州新市古镇）

验区、福利区等在内的蚕花市集，组织高杆船技等非物质文化遗产表演。庙会新夜市集、传统庙会社戏、汉服秀、鱼灯队等活动也在庙会期间不定点上演，为广大民众带来一场民俗盛宴，让观众在新颖和传统的碰撞中，感受蚕花庙会的独特魅力。

新市蚕花庙会，作为一种历史悠久的民俗活动，是人们生活文化的重要组成部分。它不仅具备娱神娱人的功能，更承载着吴越地区深厚的蚕桑文化传统。自1999年以来，这场民俗盛会已经连续举办26届，是杭嘉湖地区最具代表性的民俗活动之一，先后被列入第二批浙江省非物质文化遗产名录、湖州市首批非物质文化遗产以及旅游深度融合发展推荐项目。

新市蚕花节当天的出会游神活动，不仅展示了含山村及其周边村庄的内部合作、互助与认同，也对外展现了其作为共同体的凝聚力和影响力。新市蚕花庙会对于民众的教育功能主要体现在传授民俗文化常识和其他生产、生活类知识方面。蚕农通过参与庙会活动，可以了解蚕神传说的由来、祭拜蚕神的意义以及轧蚕花活动的内涵，从而增进对当地蚕桑文化的认识。同时，农技人员也会利用新市蚕花庙会的机会向蚕农传授科学养蚕的知识和技能，帮助他们解决养蚕过程中的困难。

6.4　案例四：2024年萧山河上龙灯胜会

"过年不看灯，等于没过年"。河上龙灯胜会流传于杭州萧山区河上镇一带，起源于南宋绍兴年间，每年元宵节期间，以板龙表演为主，融合马灯、高照等民间艺术元素，进行一场大型民俗表演活动，将过年的热闹氛围展现得淋漓尽致。河上龙灯胜会作为国家级非物质文化遗产代表性项目，不仅代表着当地群众祈福禳灾的美好祝愿，更在凝聚地域文化向心力、激发本地文旅活力、传承传播优秀传统文化方面发挥着重要作用。

2024年2月24日，河上龙灯胜会（正月十五闹元宵活动）在萧山区河上镇热闹上演。河上龙灯胜会包含开光典礼、龙灯表演、闹元宵等多个特色环节。

板龙表演作为整个河上龙灯胜会的重头戏，吸引了大批外来游客和村民前来观赏，灯火璀璨的河上古镇人头攒动、热闹非凡。长140米的板龙队伍由60个龙段组成，共出动溪头村、伟民村、朱家村、长春社区等200余人抬龙段、舞龙灯。队伍首先在溪头村操场集合接灯，接着沿井泉街一路巡游。"高照"齐举，"宝马"随行，前面锣鼓伴奏，后面鞭炮彻响，渐暗的天色里，龙灯熠熠生辉，从高处俯瞰，宛如一条金龙在街巷里舞动游走，将祝福送至沿路百姓家（见图6.12～图6.14）。

图6.12　2024年河上龙灯胜会1

（图片来源：作者团队摄于萧山河上镇）

图6.13 2024年河上龙灯胜会2

（图片来源：作者团队摄于萧山河上镇）

图6.14 2024年河上龙灯胜会3

（图片来源：作者团队摄于萧山河上镇）

河上龙灯胜会整个流程持续整个春节，除正月初五开光大典、正月十三出灯仪式、正月十五闹元宵活动外，还需完成正月十七举行的化灯仪式才正式落下帷幕。2024年，盈丰街道钱江世纪公园的元宵庙会带领游客开启穿越千年的奇幻之旅。其间各类活动层出不穷：文创产品DIY、美食集市、体验汉服妆造、猜灯谜、飞花令、投壶……传统与现代交融，充满浓郁的国风国潮韵味，吸引了不少年轻人加入其中。城厢街道的"寻梦城河·金榜题名"元宵灯会，邀市民在城河边和历史人物NPC偶遇，通过答题闯关，沉浸式体验击鼓鸣喜、金榜题名。北干街道元宵灯会，一场专属市民的国潮古风之旅在璀璨的夜色中开启：市民可以品尝非物质文化遗产小吃，近距离观看舞狮和皮影戏，动手制作一件属于自己的非物质文化遗产作品。南阳街道第二届年俗文化节则设置了迎春街、滨河公园、南阳潮都小剧场、城市叙事馆、南阳城市书房、中国伞乡陈列馆、潮都社区党群服务中心七大联动点位，每个点位都有不同的年俗表演，热闹非凡，充满欢声笑语。在萧山博物馆，绍剧折子戏、绍剧传统大戏、相声等惠民演出接连上演；萧山本地百姓的微信朋友圈因此引发了阵阵热潮。萧山区体育中心不仅布置了一片璀璨灯海，还开展打铁花、"龙凤呈祥"无人机表演等娱乐活动，并举办运动赛事、公益运动体验课程及国民体质监测活动，让市民在逛灯会之时观看体育赛事，享受运动乐趣。

可见，在萧山，一个文化出彩的元宵节再次出圈，丰富多彩的活动让游客大呼过瘾。

6.5　案例五：2024年马德里"欢乐春节·中国庙会"

2024年2月24日元宵佳节，由中国驻西班牙大使馆、马德里自治区政府、马德里市政府主办，旅西侨界承办的"欢乐春节·中国庙会"在马德里市中心的西班牙广场举行。同时，在浙江省侨办侨联的统筹下，开幕式当天，"浙里有爱·龙的传人迎龙年"发放春节礼品活动对旅西侨胞和西班牙当地民众发放包括对联、龙年挂件、红色围巾、灯笼和一封家书等礼品，拉高了众多当地民众对此次庙会的认可值。这场由中国驻西班牙大使馆、马德里大区政府、马德里市政府主办、西班牙侨界联合承办的 2024 年马德里"欢乐春节·中国庙会"活动，既是中西文化旅游年的收官之作，也是每年为期一个月的马德里"欢乐春节"系列活动的压轴大戏。

马德里市中心著名的西班牙广场上人头攒动、耍狮舞龙的鼓点声震耳欲聋，这个西班牙首都最热门的打卡景点上，成千上万名西班牙民众携子邀友，从城市的四面八方纷纷赶来，体验魅力十足的中国式元宵庙会的热闹。庙会增加了四川省的特色表演，如川剧、变脸、功夫茶、杂技等特色节目，给西班牙的龙年新春增添一道靓丽的风景线。除了精彩节目之外，现场还有美食摊位、传统手工艺等。中国驻西班牙大使姚敬在开幕式致辞中表达了对参与欢乐春节系列活动的广大旅西侨胞和西班牙各界友人的欢迎。赏民俗、品美食、观歌舞、感受中华文化传统魅力，姚敬认为这是旅西侨界应与西班牙各界共享的新春佳节喜悦（见图 6.15～图 6.17 ）。

图6.15　2024年马德里"欢乐春节·中国庙会"节目单

图6.16　2024年马德里"欢乐春节·中国庙会"仪式现场

（图片来源：作者团队摄于马德里的西班牙广场）

图6.17　2024年马德里"欢乐春节·中国庙会"活动现场

（图片来源：作者团队摄于马德里的西班牙广场）

　　中国春节的发源地是在四川省阆中市，春节庙会也是中国民间最广为流传的一种传统民俗活动。庙会上花灯争艳、舞龙耍狮、戏剧表演、特色美食等都体现了丰富多彩的中国传统文化。中西两国悠久的历史和丰富的文化遗产，在人类文明发展的历史长河中，中西两国文明相互吸引，是文明交流借鉴和共同发展的典范。广大旅西侨胞和西班牙各界朋友对逛庙会、赏民俗、品美食、观歌舞，感受中华传统文化魅力，分享新春佳节的快乐与喜悦表达了欢迎。

6.6 结语

传统庙会作为非物质文化遗产和传统文化活动的重要载体，在当前传统文化回归的背景下，其文化传承显得尤为重要。浙江传统庙会作为我国庙会文化的重要组成部分，具有深厚的历史底蕴、鲜明的地域特色和丰富的文化内涵。对浙江传统庙会的特性梳理和文化挖掘，有助于我们更好地认识和传承这一宝贵的文化遗产，为我国庙会文化的保护与发展提供有益借鉴。在此基础上，如何将浙江传统庙会与其他地区的庙会相互融合、创新发展，以适应现代社会需求，将是我们一直都需要深入研究的课题。当下，我们要继续挖掘庙会文化的精神内涵，以市场需求为导向，鼓励民众积极参与，并加强政府的监督与协调作用，以保障文化传承的创新与发展。

庙会作为延续历史民俗的重要形式，在当前生活娱乐方式日趋多元的背景下，呈现出回归传统民俗文化内容的趋势。庙会文化在非物质文化遗产中占有重要地位，其传承历史悠久，影响地域广泛，综合了多种民间文化艺术形式，文化内涵丰富。在品牌建设中，我们应重视对庙会文化的保护与合理利用，通过多种方式开发庙会文化资源，传承和发展庙会文化，科学合理地利用庙会文化的各种功能，以点带面，确保庙会文化的生命力持续旺盛，庙会品牌得以繁荣发展。

参考文献

［1］顾希佳.传统庙会的当代意义：以浙江为例［J］.浙江学刊，2010（6）：184-189.

［2］耿含灵，钱炎非，吕亚蓓，等.庙会的当代意义研究：以前童元宵行会为例［J］.名作欣赏，2021（3）：110-111.

［3］张瑞迪.庙会作为公共文化的传承与展演：以浙江省永康市方岩镇独松村的胡公庙会为个案［D］.温州：温州大学，2011.

［4］李燕.江南的民间庙会与村落生活：以浙江省金华市岭下朱观音庙会为个案［D］.金华：浙江师范大学，2009.

［5］杨涛.礼俗互动视角下地方节庆的建构实践：以中国（象山）开渔节为例［J］.节日研究，2023（21）：120-135.

［6］毕旭玲.象山开渔节祭海、开船仪式的传承发展［J］.赣南师范大学学报，2020，41（1）：81-85.

［7］王天鹏.七夕节的民俗文化阐释［J］.中国石油大学学报（社会科学版），2006，22（5）：25-29.

［8］张海艳.传统节日文化的大众传媒解读：从七夕到"中国情人节"［J］.科技信息（学术研究），2008（18）：479+481.

［9］晁辛宁.再现与重塑：从"九华立春祭"看二十四节气在乡村的保护与传承［J］.古今农业，2023（1）：102-108.

［10］王霄冰.民俗文化的遗产化、本真性和传承主体问题：以浙江

衢州"九华立春祭"为中心的考察［J］.民俗研究，2012（6）：112-122.

［11］王雪文.浅谈畲族三月三的文化特征与价值［J］.湘潮（下半月），2011（4）：31-32.

［12］兰晓敏，陈勤建.对当代绍兴水乡社戏存续的思考［J］.文化遗产，2018（4）：138-145.

［13］李惠芳.基于元宇宙技术的无锡庙会创新设计研究［J］.鞋类工艺与设计，2023，3（22）：193-195.

［14］王慧.民俗文化旅游经济发展新思路［J］.林业科技情报，2023，55（4）：189-191.

［15］王陶峰.数字技术赋能河南庙会非遗保护与传播的功效研究［J］.美与时代（上），2023（9）：116-118.

［16］韦明杏.城市化背景下的庙会文化变迁：以上海真如庙会为个案的考察［D］.上海：华东师范大学，2016.

［17］王利素.城市公共地下空间景观设计中抒情手法的应用研究：以石家庄地铁文化墙新百广场站《庙会转景》为例［D］.石家庄：石家庄铁道大学，2019.

［18］陈梦婷.淮阳地域文化元素在太昊陵庙会品牌文创产品视觉设计中的应用研究［D］.武汉：武汉纺织大学，2023.

［19］杨阳."老字号"企业胡庆余堂的品牌活化研究［D］.杭州：浙江工商大学，2021.

［20］鲁元珍.这场文旅盛宴的文化味，够劲儿［N］.光明日报，2024-02-25（5）.

［21］周帆."文化自觉"视阈下非物质文化遗产的传承与创新：以国家级非遗"赶茶场"为例［J］.南宁职业技术学院学报，2021，29（1）：91-94.

［22］刘洋洋.洛阳关林庙及其文化价值研究［D］.南宁：广西民族大学，2023.